Oskar Lubin
POSTANARCHISMUS
Glossen mit Fußnoten

1. Auflage 2024
ISBN 978-3-96042-112-2

info@edition-assemblage.de | www. edition-assemblage.de

Umschlag: Carlos Toledo
Satz: Hannah C. Rosenblatt | edition assemblage
Lektorat:
Druck: Interpress | Printed in Hungary 2024

Die Deutsche Bibliothek verzeichnet diese Publikation in der Deutschen Nationalbibliografie; detaillierte bibliografische Daten sind im Internet über http://dnb.ddb.de abrufbar.

Oskar Lubin

Postanarchismus

Glossen mit Fußnoten

edition assemblage

Inhalt

Zum Bild und zur Schrift auf dem Cover

Von Carlos Toledo

Im Sommer 2023 machten wir uns auf die Reise nach Barcelona, u.a. auf der Suche nach Architektur in Selbstverwaltung (http://www.laborda.coop/es/, Mies-van-der-Rohe-Preis 2022). Dabei wussten wir nicht, dass unsere Gastgeberin, eine alte Freundin aus der Solidaritätsbewegung zu Guatemala (wo ich aufgewachsen bin) und lacanianische Psychoanalytikerin, beim Ateneu um die Ecke wohnt (https://ateneullibertarigracia.wordpress.com/) und dieses als ihr erweitertes Wohnzimmer benutzt. Das Ateneu ist im Erdgeschoß eines Altbaus mit Patio in Gracia, dem Viertel der sozial-libertären Kämpfe in Barcelona. Hier wird gelesen und gekocht, u.a. aber auch publiziert. Ihr Compañero, José Icaria (https://laesperanzahanacidomuerta.blogspot.com/), ist Dichter und seine Bücher werden vom Ateneu herausgegeben. Die Ateneus sind selbstorganisierte Bildungs- und Kultureinrichtungen, die es in Katalonien seit Mitte des 19. Jahrhunderts gibt und die insbesondere für die Anarchist*innen während des Spanischen Bürgerkriegs (1936–1939) eine große Rolle spielten.
Wir tranken ein Bier im Hof und ich bemerkte, dass sich unmittelbar über dem Ateneu das „wilde“ Leben reproduziert. Ich machte ein Foto und dieses Bild illustriert hier den Umschlag des Buches. Das ergänzende Element der Gestaltung ist die Schrift: Das markante A der *Futura* von Paul Renner fiel mir unmittelbar ein, da es so schön in einem Kreis Platz nehmen kann und so spitz-kämpferisch ist. Entwickelt in der geometrischen Moderne des Bauhauses in den 1920er Jahren, wurde sie von der Bauerschen

Gießerei in Frankfurt a.M. herausgegeben, die schließlich in der Fundicón Tipográfica Neufville in Barcelona aufging und dort seit 1995 als Bauer Types existiert. Hier wurde 2016 die *Futura Next* entwickelt, die ein runderes Ende für das „l“ und das „t“ hat und dadurch weicher wirkt (https://bauertypes.com/en/bauer-classics/futura-next/).

Postanarchismus? Was'n das?

„Es gibt kein richtiges Leben im falschen", aber es gibt ein Leben für die Anarchie

Geleitwort von Bernd Drücke

Wie bitte? Ich soll ein Vorwort für ein „postanarchistisches Buch" schreiben? Gerne. Obwohl, ein „Nach-Wort" wäre für ein „Post-Anarchismus"-Buch sicher passender. Als mich mein alter Freund und Genosse Oskar Lubin bat, in meiner Funktion als Redakteur der Graswurzelrevolution (GWR) ein Vorwort zu seinem Buch „Stichworte zum Postanarchismus" zu schreiben, habe ich sofort zugesagt.

Oskar Lubins Glossen leben als knackige Kommentare zu aktuellen Ereignissen, Problemen und Theorien nicht zuletzt von feinem Spott, von Selbstironie, Polemik und Witz. Sie alle sind bereits in loser Folge zwischen 2018 und 2023 in der Graswurzelrevolution erschienen. Als GWR-Redakteur hatte ich sie also alle schon gelesen und in Rücksprache mit Oskar und den GWR-Herausgeber:innen redigiert und lektoriert. Ich könnte hier also einiges zu den Inhalten der durch die Bank lesenswerten Einzelbeiträge sagen. Stattdessen möchte ich dieses Geleitwort nutzen, um meine eigenen Vorurteile in Bezug auf den oft als „verkopft" und „zu akademisch" geschmähten Postanarchismus ein bisschen zu reflektieren. Vielleicht erkläre ich auch, warum ich mich nicht als Postanarchist verstehe, sondern immer noch als Anarchist.

Wie bin ich überhaupt mit dem Anarchismus und später mit dem Postanarchismus in Berührung gekommen? Als langhaariger Schüler, Öko- und Friedensaktivist bin ich in den frühen 1980ern auf das Büchlein „Was ist eigentlich Anarchie?" gestoßen. Es löste in meinem Kopf eine Art Initialzündung aus. Vorher wurde ich schon durch Bücher wie beispielsweise Ernst Friedrichs „Krieg dem Kriege" und anarchistische Rockbands wie Cochise und Ton Steine Scherben anarchistisch-subkulturell geprägt, aber die Selbsterkenntnis - „Ich bin Anarchist" - kam mit der Lektüre des vor allem von Horst Stowasser verantworteten schwarzen Einführungswerks aus dem legendären West-Berliner Karin Kramer Verlag. Seitdem versuche ich als Agitator, Lebenspartner, Vater und neuerdings Opa, Leseratte und Aktivist in den Neuen Sozialen Bewegungen mein Leben soweit wie möglich in den Dienst der Gegenseitigen Hilfe und freien Assoziation, für die Utopie einer gewaltfreien, herrschaftslosen, freiheitlich-sozialistischen, egalitären Gesellschaft zu stellen. Soweit das eben möglich ist unter den miesen Bedingungen des real existierenden, noch immer dringend zu überwindenden Kapitalismus. „Es gibt kein richtiges Leben im falschen", wie Adorno richtig feststellte, aber es gibt ein Leben, ein Leben für die Anarchie. Es lohnt sich zu streiten für die anarchistische Utopie, also für ein selbstbestimmtes, solidarisches Leben ohne Chef und Staat in einer grenzenlosen Welt.

Als Anarchist:innen wollen wir mit Hilfe direkter gewaltfreier Aktionen alle Kriege, das Artensterben und die Klimakatastrophe stoppen und jegliche Form von Nationalismus, Faschismus, Rassismus und Sexismus zurückdrängen: „System change, not climate change!" Ziel aller Anarchist:innen ist ein menschenwürdiges und glückliches Leben für alle. Oder, so formulierte es Genosse David Graeber im Jahr 2013: „Im Grunde geht es im Anarchismus schlichtweg darum, wahrhaft demokratische Prinzipien im Alltag zu verwirklichen - jedoch mit dem bezeichnenden Unterschied, dass Anarchist:innen an eine Gesellschaft glauben, in der sich alles nach diesen Grundsätzen organisieren lässt und in der alle Gruppen auf dem freiwilligen Einverständnis ihrer Mitglieder gründen."

Als jugendlicher Aktivist in der Schülervertretung am Geschwister-Scholl-Gymnasium im westfälischen Unna gründete ich 1984 mit Freundinnen und Freunden die ziemlich platt verbalradikale Schülerzeitung „Splash", die immerhin so viel Aufsehen erregte, dass empörte, konservative Eltern ihren Kindern die Lektüre dieses „linksextremen Schmierblattes" mit Nachdruck untersagten. Die Gründung und Produktion kleiner anarchistischer Publikationen war dann während meines Studiums ab 1986 in Münster eine Leidenschaft, der ich unaufhörlich folgte. Bis heute habe ich ungefähr 300 anarchistische Zeitschriften (mit-)herausgegeben und es ist immer wieder ein tolles Gefühl, wenn mit jeder neuen Ausgabe auch ein Stück Gegenöffentlichkeit das Licht der Welt erblicken kann. Dem „Printmediensterben" zum Trotz!

Meine Dissertation beschäftigte sich mit „Anarchismus und libertäre(r) Presse in Ost- und Westdeutschland" und wurde im Oktober 1998 in den Libertären Buchseiten der Graswurzelrevolution Nr. 232 als „Meilenstein der Anarchismusforschung" rezensiert. So war es wenig überraschend und für mich bis heute ein unglaubliches Glück, dass ich nach dem Ende meines Soziologie-, Pädagogik- und Politikstudiums im November 1998 von den GWR-Mitherausgeber:innen zum GWR-Koordinationsredakteur gewählt wurde. Die Geschichte dieser seit 1972 erscheinenden Monatszeitschrift für eine gewaltfreie, herrschaftslose Gesellschaft hatte ich zuvor für meine Dissertation erforscht und alle Ausgaben gelesen. Nun verwandelte ich mich vom langjährigen Abonnenten und Fan zum Redakteur, seit Februar 1999 im kleinen GWR-Redaktionsbüro in Münster. „Wir müssen uns Sisyphos als glücklichen Menschen vorstellen", sagt Albert Camus. Allerdings!

Als GWR-Koordinationsredakteur flatterte mir im Jahr 2000 auch der erste Artikel zum Thema „Postanarchismus" in den Briefkasten. Ein Manuskript von Jürgen Mümken, dessen Abdruck ich, nach Rücksprache mit dem GWR-Herausgeber:innenkreis, ablehnte, weil ich den vom Englischen „post-anarchism" abgeleiteten Begriff „Postanarchismus" als problematisch empfunden hatte.
Die Vorsilbe „Post" im „Postanarchismus" interpretierte ich als Distanzierung vom Anarchismus, als gehöre der Anarchismus der Vergangenheit an. Beim Begriff „Post-Anarchismus" hatte ich sofort die Assoziation „Nach-Anarchismus". Und das empfand ich geradezu als empörend, als gebe es heute keine anarchistische Bewegung mehr, als gehöre der Anarchismus auf den Misthaufen der Geschichte. Leute, die sich als „Postanarchist:innen" bezeichneten, erweckten bei mir den Eindruck, als wollten sie sich vom Anarchismus, dieser lebendigen, vielfältig bunten und sozialrevolutionären globalen Bewegung, distanzieren. Und vielleicht auch von ihrer eigenen Vergangenheit als Anarchist:innen.
„Postanarchismus" als Abgrenzung zum Anarchismus? So war das doch gar nicht gemeint, oder?
Aber für mich fühlte es sich so an.
Natürlich konnte mein rückblickend ziemlich peinlicher „Zensurversuch" die Diskussion zum und die Einführung des Begriffs „Postanarchismus" im deutschsprachigen Raum nicht aufhalten. Im Gegenteil. Besonders in der GWR wurde die Diskussion sehr kontrovers und intensiv geführt. So verteidigte der Postanarchist Oskar Lubin den „Postanarchismus" in der Graswurzelrevolution Nr. 258 vom April 2001: „Der klassische Anarchismus ist nicht passé, bedarf aber angesichts theoretischer Entwicklungen und veränderter Verhältnisse einiger Revisionen." Okay, damit lässt sich auch als Anarchist gut leben.
Ich finde auch, dass es die eigene anarchistische Theoriebildung bereichern kann, sich mit den Texten beispielsweise der

„Postfeministin“ Judith Butler und den Theorien von „Poststrukturalisten“ wie Michel Foucault und Gilles Deleuze zu beschäftigen, auch wenn sie sich allesamt nicht als Anarchist:innen verstanden beziehungsweise verstehen.

Trotzdem sorgte ich bei einigen Postanarchist:innen für Verärgerung, als ich mich in einem 2007 in der Wochenzeitung Jungle World veröffentlichten Interview ironisch zum „Telekom-Anarchismus“ äußerte:

„Der moderne Anarchismus von heute ist natürlich nicht mehr der von Michail Bakunin. Ich halte den Begriff ‚Postanarchismus‘ für problematisch. Das erste, woran man bei diesem Begriff denkt, sind vielleicht Anarchisten, die sich bei der Telekom organisiert haben. Gemeint ist aber der Anarchismus in der Postmoderne.“

Tatsächlich fände ich es wünschenswert, wenn sich mehr Anarchist:innen auch bei Post und Telekom anarchosyndikalistisch organisieren und dann als „Telekom- und Post-Anarchist:innen“ mit Streiks und Arbeitskämpfen dafür sorgen, dass dort die Post abgeht.

Schluss mit lustig.

Auf Oskar Lubins Glossen in der Graswurzelrevolution gab es vielfältige Reaktionen. Peter Nowak, Mitherausgeber des 2020 bei edition assemblage erschienenen Buches „Umkämpftes Wohnen - Neue Solidarität in den Städten“, antwortete auf Lubins Kolumne „Städte. Stichworte zum Postanarchismus 33“ aus der GWR 474 mit einem in der GWR 479 abgedruckten Leserbrief:

„Ich fand die Frage nach dem Rebellischen in den Städten sehr interessant, die Oskar Lubin in seinem Text gestellt hat. Er fragt sich, wo in einer Konsumkultur, die in vielen Metropolen dominiert, Platz für das Aufständische ist. Im Kampf um das Recht auf Wohnen, im Kampf um eine bezahlbare Miete, wäre eine Antwort. Tatsächlich gab es in den letzten Jahren in Barcelona, Athen, Berlin und vielen anderen

*Metropolen Mietrebell*innen, die sich nicht aus den Städten vertreiben lassen wollen."*

In der Graswurzelrevolution Nr. 478 vom April 2023 findet sich ein kritischer Brief von GWR-Leserin Carolin Schiml, in dem sie sich über Oskars Glosse Nr. 35 aus der vorigen Ausgabe mokiert:

„Mir ist klar, dass Oskar Lubins Interaktion mit seinem Grasdealer nur der Aufhänger für ein Essay über den anarchistischen Theoriebegriff ist. Dennoch lässt mich diese Kolumne ziemlich unzufrieden zurück. Lubin ist ehrlich, was seine persönliche Bildungsbubble angeht: ‚Mit Leuten aus anderen Milieus rede ich nicht oft.' Es ist nicht an mir, das irgendwie zu bewerten, doch entspricht es natürlich einem alten Klischee vom realitätsfernen Polit-Theoretiker.

Wenn der Dealer aus dem Text ein Handwerk erlernt oder auch nur einen Führerschein gemacht hat, ist ihm das Verhältnis von Theorie und Praxis in der Ausbildung auf jeden Fall schon einmal untergekommen. Die Frage ‚Was ist Theorie?' (auch wenn sie in der Situation wirklich so gestellt wurde) lässt den Bildungsunterschied zwischen Lubin und dem Handwerker unnötig groß erscheinen.

*Lubin schreibt, er ‚unterrichte politische Theorie'. Sollte es ihm dann nicht möglich sein, sein Thema in einfachen Worten zu erklären? Ist das nicht die Grundlage jeder Wissensvermittlung? Es ist kein Geheimnis, dass akademische Werke für andere Akademiker*innen geschrieben werden, aber warum Artikel in der Graswurzelrevolution nicht für grasdealende Handwerker*innen?"*

Carolin Schimls Kritik finde ich diskussionswürdig und konstruktiv. Deshalb möchte ich sie den Leser:innen dieses Geleitwortes zu Oskar Lubins wunderbaren Glossen nicht vorenthalten.

Postanarchismus? Darüber lässt sich reden.

Auf jeden Fall aber: Anarchie und Glück!

Bernd Drücke, im Zug nach Genf, 1.11.2023

Einleitung

Das Großartige am Anarchismus ist, dass er die Forderung nach individueller Freiheit und das politische Ziel der sozialen Gleichheit miteinander verbindet und aneinander koppelt. Ideen- wie bewegungsgeschichtlich radikalisiert der Anarchismus die große Tradition des Liberalismus, nicht ohne dabei allerdings das Anliegen der Freiheit der Einzelnen vom Eigentum zu trennen, zugleich steht er in der Tradition des Sozialismus mit seinem Gleichheitsprimat, ohne jedoch das Kollektive dem Individuellen überzustülpen. Diese anarchistischen Errungenschaften sind in Theorie und Praxis historisch vergleichsweise marginal geblieben. Weder dominieren anarchistische Ansätze die Sozial-, Geistes- und Kulturwissenschaften, noch haben sich anarchistisch inspirierte Praktiken jemals massenhaft und langfristig durchsetzen können. Aber das macht Anarchismen weder falsch noch überholt. Dass die anarchistische Theorie verglichen mit den verschiedenen Strömungen marxistischen Denkens eher dünn blieb, muss nicht als Ausweis von deren Mängeln interpretiert werden. Und dass es vielleicht neben den Bauernaufständen in der Ukraine nach der russischen Revolution und den gewerkschaftlichen Organisierungen während der Spanischen Revolution 1936 kaum gesamtgesellschaftliche Experimente unter der schwarzen Fahne des Anarchismus gab, muss auch nicht als Zeichen dafür gelesen werden, dass Anarchismus nicht zu praktizieren oder unrealistisch sei. Immerhin gibt es anarchistische Initiativen, anarchistisch gesinnte Menschen seit der positiven Konnotation des Wortes Anarchie in der ersten Hälfte des 19. Jahrhunderts in vielen Schattierungen und Ausformungen fast überall auf der Welt - und zwar bis heute. Und trotzdem gibt es, bei aller Sympathie gegenüber den Inspirationen und den Leistungen des Anarchismus auch Aspekte, die anzukreiden und zu beanstanden sind. Einige dieser Aspekte werden in den hier versammelten Glossen benannt und diskutiert.

Die Texte sind versammelt unter dem Label des Postanarchismus, was vielleicht erklärungsbedürftig ist. Wie in anderen Verwendungen der Vorsilbe „Post-" (wie etwa in Poststrukturalismus) soll mit dem Gebrauch des Wortes Postanarchismus nicht behauptet werden, dass der Anarchismus passé sei, also der Vergangenheit angehört und uns heute nichts mehr zu sagen hat außer Auskunft zu geben über historische Niederlagen emanzipatorischer Bewegungen. Im Gegenteil, die Rede von Postanarchismus zielt auf das produktive Anknüpfen an eine faszinierende Tradition, ohne allerdings alle Implikationen dieser spezifischen Geschichte zu übernehmen. Anders gesagt, Postanarchismus soll auch auf die Erneuerungsbedürftigkeit anarchistischer Grundannahmen abzielen. Diese Erneuerung wird einerseits für so dringlich und notwendig gehalten, dass ein neuer Begriff verwendet wird, ist aber andererseits nicht total und umfassend, so dass der alte Begriff weiterhin im neuen steckt.

Welche Aspekte sind es nun, die den Postanarchismus vom Anarchismus ohne Vorsilbe unterscheidet? Um die zu nennen, muss natürlich gleich eingewandt werden, dass es den Anarchismus im Singular ohnehin nie gegeben hat und es sich immer um eine Vielzahl von Strömungen - kollektivistischen, syndikalistischen, kommunistischen u.a. - gehandelt hat, die sich unter diesem Begriff versammelt haben. Dennoch wird unterstellt, dass es einige Grundannahmen gibt, die die meisten dieser Strömungen teilen und die zur Diskussion und zur Disposition gestellt werden sollten. Und zwar: Erstens gibt es eine Tendenz zur Naturalisierung von Haltungen, die eine „gute Natur" mit positiven Verhaltenseffekten (moralisches Handeln, kooperative Praxis usw.) vermutet bzw. behauptet, die irgendwie

unter den disziplinarischen Apparaten vergraben liegt, die der Staat allen auferlegt hat und permanent zumutet.
Zweitens teilen viele Anarchismen mit vielen Marxismen einen Fortschrittsoptimismus, der aus den geschichtsphilosophischen Entwürfen der Moderne stammt und den Sieg der Beherrschten über Staat und Kapital und das Ende der Unterdrückung irgendwie als historisch vorgegeben betrachtet.
Drittens, und mit den beiden genannten Punkte verknüpft, hängen auch viele Anarchist*innen (wie andere Linke) dem Glauben an, dass Menschen aus den ökonomisch schwachen Milieus, Ausgebeutete und Marginalisierte gerade wegen ihrer besonderen Entfremdung, Ausbeutung und Diskriminierung mehr als andere zu revolutionärem Bewusstsein und/ oder (auch als unbewusst denkbaren) umstürzlerischem Tatendrang neigen.
Von allen drei Grundannahmen verabschiedet sich die postanarchistische Perspektive, ohne aber den anarchistischen Anspruch auf die Verknüpfung von individueller Freiheit und sozialer Gleichheit als Strategie und politisches Ziel aufzugeben. Die Gründe für den Abschied von Naturalisierung, Fortschrittsoptimismus und der vermeintlichen Revolutionsdisposition werden dann hoffentlich beim Lesen der Glossen nachvollziehbar. All diese Punkte werden unter den verschiedenen Stichworten mit unterschiedlicher Tragweite immer wieder angegangen und umkreist.
Jede Glosse ist jeweils einem Stichwort gewidmet, so dass im Zusammenhang der Eindruck eines Glossars entsteht. Da es sich um Glossen und nicht um lexikalische Einträge handelt, sollte schnell deutlich werden, dass hier immer nur Aspekte und nicht Vollständigkeit geboten werden (und dass die Großbegriffe natürlich auch nicht ganz so „groß“ gehandelt werden, wie sie daherkommen): Jede Glosse bietet mehr oder weniger Aspekte aus der Geschichte und Theorie des Anarchismus, stellt Grundsatzfragen nach dem

Verhältnis von Theorie und Praxis und den Fallstricken des Aktivismus, verwoben in aktuelle Debatten und garniert mit anekdotisch gehaltenen, individuellen Zugangsweisen. Die Texte sind jeweils zwischen 5.000 und 10.000 Zeichen lang und erschienen (bis auf drei Ausnahmen) in den Jahren 2018 bis 2023 loser Folge in der Reihe „Stichworte zum Postanarchismus" in der Zeitschrift *graswurzelrevolution.*[1] Sie erscheinen in diesem Buch in der Reihenfolge, in der sie auch in der Zeitschrift erschienen sind. Die letzten drei Texte erschienen 2015, 2019 und 2022 in *Bildpunkt. Zeitschrift der IG Bildende Kunst.*

---

1 Noch eine Fußnote zu den Fußnoten: Ich hege eine besondere Zuneigung zu Fußnoten, auch wenn ich weiß, dass sie in anarchistischen Kreisen häufig als akademischer Firlefanz oder gar unterwürfige Filiation (von Lat.: filius, der Sohn) gegenüber Autoritäten gesehen werden. Aus meiner Sicht sind sie eher antiautoritäre Marker, die im Text deutlich machen, dass der Autor oder die Autorin sich nicht alles selbst ausgedacht hat, sondern sich stattdessen auf spezifische Gedanken anderer und kollektives Wissen im allgemeinen bezieht. Ich mag Fußnoten auch, weil sie Kontexte verdeutlichen und Hinweise liefern auf Bücher und Wissensbestände, die sonst vielleicht unentdeckt blieben.

1 Dekolonisierung

Für eine überraschende, grenzenlose Welt

Kamerum war eine Kolonie des Deutschen Reiches. Schorsch Kamerun ist Sänger der Postpunkband *Die Goldenen Zitronen*. Wieso trägt so einer solch einen Namen? Punk immerhin war ja auch als Affekt gegen den Nationalismus entstanden, in Deutschland insbesondere auch noch gegen die ganze Nazi-Verstricktheit der Lehrer*innen und des öffentlichen Lebens. In seinem Buch *Die Jugend ist die schönste Zeit des Lebens* erklärt Schorsch Kamerun das Pseudonym so: „Dem Teufel den Spiegel vorhalten. Sich freiwillig auf das beziehen, was man böse findet."[2] Der Name als Teil einer Strategie. Was das mit Anarchie zu tun hat? Die Strategie folgt auf den Affekt, und der wird ausgelöst, damit beginnen die Erinnerungen, durch Anarchy. Das Wort im Song der Sex Pistols. „Anarckeey!" Das Lebensgefühl, das damit zum Ausdruck gebracht und immer wieder erneuert wurde. Bei all jenen, denen die dominanten Lebensweisen auf die Nerven gehen, die unter ihnen leiden. Und denen der Goldies-Sänger sein Buch so reizend widmet, alle, „die probiert haben, den Ohrfeigen, Schönschreibklubs und Schuldspiralen eine überraschende, grenzenlose Welt entgegenzusetzen."

Eine überraschende, grenzenlose Welt. Daran arbeiteten auch die Anarchistinnen und Anarchisten bei Ausbruch des Spanischen Bürgerkriegs. Wenige Tage nach dessen Beginn traf sich Juan García Oliver (1901-1980), Mitglied der Federación Anarquista Ibérica (FAI), am 23. Juli 1936

2Schorsch Kamerun: *Die Jugend ist die schönste Zeit des Lebens*. Berlin: Ullstein 2016, S. 26.

in Genf mit Vertretern der Islamischen Liga. Zumindest erzählt das der Chronist der Spanischen Revolution und Durruti-Biograf Abel Paz in einem Interview. Es ging um den antikolonialen Kampf gegen Frankreich und England, dessen Akteurin die Islamische Liga war. García Oliver, später der erste anarchistische Justizminister der Republik, Kirchenhasser und Religionsverächter, war letztlich rein strategisch unterwegs: „Es war das Ziel der CNT" schreibt Abel Paz, „sollte in Spanien eine Revolution stattfinden, diese sich nicht sofort auf Frankreich und England ausdehnen sollte, sondern auf deren Kolonien auf der anderen Seite des Mittelmeers. So sollte der Kapitalismus in den Kolonialmächten geschwächt werden, um die Revolution auch dort fortzuführen."[3]

Diese Strategie ist eine organisatorische, quasi institutionelle. Auch wenn sie vielleicht nicht auf den Tag genau verbürgt ist - der spanische Wikipedia-Eintrag zu García Oliver behauptet, der Anarcho-Revolutionär habe sich an jenem 23. Juli auf einem katalanischen Regional-Plenum befunden und dort den Libertären Kommunismus ausgerufen![4] -, so hat es sie doch gegeben.

Anarchistinnen und Anarchisten haben zwar nicht ihr Hauptaugenmerk auf Fragen des Kolonialismus gerichtet. Aber sie haben ihn durchaus wahrgenommen. Schon sehr früh. Bereits die französische Anarchistin Louise Michel (1830-1905) sah sich, gezwungener Maßen, mit den Auswirkungen des Kolonialismus konfrontiert. Man hatte sie nach ihrer Teilnahme an der Pariser Kommune (1871) nach Neukaledonien verbannt - südpazifische Inseln, die noch heute zu Frankreich gehören. Sie sympathisierte mit dem Aufstand der dortigen Indigenen, den Kanak*innen

---

3 Abel Paz: „Eine Revolution ohne politische Parteien. Interview mit Gernot Schubert." In: Bernd Drücke/ Luz Kerkeling/ Martin Baxmeyer (Hg.): *Abel Paz und die Spanische Revolution. Interviews und Vorträge.* Frankfurt a.M.: Verlag Edition AV 2004, S. 59-73, hier S. 67.

4 https://es.wikipedia.org/wiki/Juan_Garc%C3%ADa_Oliver

und veröffentlichte kanakische Sagen und Lieder. Auch wenn sie sonst dem technologischen Fortschritt nicht abgeneigt war, kritisierte sie deren Klassifizierung als „Wilde" und den Gegensatz zur angeblichen Zivilisiertheit der Europäer*innen.

Die Wiederentdeckung, Bewahrung und Aufwertung des vom Kolonialismus unterdrückten und diffamierten Wissens - ob Heilmethoden oder Songs -, nahmen in den antikolonialen Kämpfen eine zentrale Rolle ein. Anarchist*innen sahen hier eine Parallele: Die Gewohnheiten der Arbeiter*innenklasse in Europa, von den Kneipenabenden über die sexuellen Eskapaden bis zum Liedgut wurden von den Herrschenden verachtet wie alles, was Indigene taten, fühlten, dachten. Weil sie auch noch ausgebeutet wurden wie alle Arbeiter*innen, schienen die Kolonisierten als Bündnisparter*innen selbstverständlich. So sollte der Kapitalismus in den Kolonien geschwächt werden.

Sicherlich, Einwände drängen sich auf: Die Diskriminierungserfahrungen und die Ausbeutung unterschieden sich in Wirklichkeit doch sehr. Auch wenn im Spanien der 1930er Jahre noch die Hälfte der Bevölkerung analphabetisch und arm war. Aber noch etwas Anderes passt nicht. Es ist die unumstößliche Grundannahme des klassischen Anarchismus, dass die Armen und Verzweifelten die selbstverständlichen Träger*innen der Revolution sind. Beinahe automatisch. Dieses Vertrauen in die Massen, das Volk, die Multitude, „die von unten" ist letztlich bis heute ungebrochen. Damit verknüpft ist eine bestimmte Analyse der Quelle ihrer Motivation: Die Armen lehnen sich auf, revoltieren und kämpfen, und das auch noch auf emanzipatorische Art und Weise, weil sie arm, verzweifelt, abgehängt und notleidend sind. Oder, in den Worten Louise Michels: „Die Energie der Verzweifelung wird nie besiegt."[5]

Aber das ist Unsinn. Aus Verzweiflung erwächst keine Energie! Aus Wut vielleicht, aber Verzweifelung ist nie

5 Louise Michel: *Aneignung*. [1890/1904] Wien: bahoe books 2013, S. 24.

Kraftspender und Ideengeber, zumindest nicht im positiven, emanzipatorischen Sinne. Die sozialen Kräfte für Veränderung entstehen vielmehr aus der Kluft zwischen Anspruch und Wirklichkeit. Zwischen dem, was man erwartet und dem, was einem/ einer vorenthalten wird. Aus der Beziehung zwischen diesen beiden Größen. Nicht aus absoluten Tatsachen, purer Not oder schierer Verzweiflung. Wenn man das einsieht, stellt sich auch die Frage der Strategie neu. Eine libertäre Strategie muss post-anarchistisch sein, weil sie nicht auf organische Volksmassenorganisationen aufbauen kann. Die dekolonisierenden Kämpfe sind immer auch Kämpfe gegen die Dominanzgesellschaft, gegen Lebensstile, die zur Norm erhoben und als solche durchgesetzt werden. Im Zentrum wie auch in den postkolonialen Peripherien. Insofern sind diese Kämpfe auch subkulturell, weil sie sich gegen das Einverständnis weiter Teile der Bevölkerung richtet.
Eine postanarchistische Strategie aber sollte nicht im Postpunkkeller bleiben. Sie muss auch post-subkulturell sein. Sie greift die Umbenennung auf und damit ins kollektive Gedächtnis ein. Warum also nicht organisieren?! Mit allen, die sich angesprochen fühlen und gegen Frontex und das Humboldt-Forum und gegen die Völkerkundler dieser Erde. Für eine überraschende, grenzenlose Welt. Franzi Togoland und Susi Samoa, formiert Euch!

2 Soziologie

Grundlagen des Ungehorsams

Anarchie und Soziologie scheinen unvereinbar. Zunächst einmal vor allem deshalb, weil hier natürlich Äpfel mit Birnen in Beziehung gesetzt werden. Es geht um ganz verschiedene Ebenen. Auf der einen Seite (Anarchie) um die Frage, wie Äpfel und Birnen verteilt sein sollen (nämlich gerecht), und wie das Apfelkompott hergestellt werden soll und wie der Birnensaft am besten genossen werden kann (in der Regel kollektiv). Es geht also um Politik. Und diese findet im Hier und Jetzt statt. Sie wartet nicht auf ihre Vertretung durch andere, sie wartet nicht auf Entwicklungen in den Produktionsverhältnissen. Und sie war schon Jahrzehnte vor dem Werbeslogan einer Turnschuhfirma auf Unmittelbarkeit aus: Just do it!
Auf der anderen Seite (Soziologie) geht es darum, erst einmal herauszufinden, warum die einen mehr Birnen und Äpfel haben als die anderen, was sie damit machen, also produzieren, und wer zu welchem Genuss fähig ist. Es geht darum, zu beobachten und um die Wertung dieser Beobachtungen. Wenn man sich ansieht, wie stark verwurzelt nicht nur die Apfel- und Birnbäume sind, sondern auch die Arten und Weisen, auf die sie sich in Besitz befinden, mit denen geerntet, produziert, verteilt, und dann konsumiert wird, dann scheint es recht unwahrscheinlich, dass sich das alles so bald ändert. Oder überhaupt ändern lässt. Aber, das zumindest ist der Anspruch jeder kritischen Soziologie seit Marx: Es geht nicht anders. Man muss erst die ganze Verwurzelung und das ständige Neuaustreiben der Wurzeln verstehen, oder zumindest in Augenschein nehmen, um neue Formen der Produktion, der Verteilung

und des Austauschs entwickeln zu können. So zu tun, als ließe sich einfach heute neu beginnen, ist demnach reine Illusion. Der Soziologe Pierre Bourdieu hat das in die paradox anmutenden Worte gefasst: „Die Soziologie befreit, indem sie von der Illusion der Freiheit befreit.“[6] Es ist ein komplexes Netz aus verherrschafteten Zuständen, die Freiheit zumindest unwahrscheinlich machen.

Zugespitzt ließe sich sagen: Es gibt eine unüberbrückbare Kluft zwischen dem Erst-Verstehen-Wollen und dem Jetzt-Handeln, zwischen Theorie- und Praxisfraktion, zwischen seminarraumtrockenem Salonanarchismus und schlammigen Kommunegummistiefeln.

Aber das ist natürlich eine Zuspitzung.

Denn zum einen wurde auch im Anarchismus selbstverständlich theoretisch zu Herrschaft gearbeitet, ohne dass Versuche, konkrete soziale Veränderungen herbeizuführen, damit ausgeschlossen wurden. Schließlich drängt sich diese Arbeit auch auf, wenn der Anspruch der Abwesenheit von Herrschaft im Wort an-archie auf die eigenen Fahnen geheftet wird. „Staat und Kapitalismus“, schreibt Daniel Loick in seiner Einführung in den Anarchismus, „sind die beiden Herrschaftsverhältnisse, denen innerhalb des Anarchismus die traditionell größte Aufmerksamkeit gewidmet wird.“[7] Dies habe schließlich den Protest von Feministinnen und Antirassist*innen hervorgerufen, die eingefordert haben, Patriachat, Heteronormativität und Rassismus als ebenso wirksame Formen von Herrschaft zu thematisieren. Die Überkreuzung der verschiedenen Herrschaftsverhältnisse zu verstehen, ist also dringende Aufgabe unserer Bewegung. Auch wegen der Praxis.

Zum anderen ist auch die kritische Soziologie á la Bourdieu der emanzipatorischen Praxis keinesfalls abgeneigt. Im

---

6 Zit. n. Francois Dosse: *Geschichte des Strukturalismus, Band 2. Die Zeichen der Zeit, 1967-1991.* Hamburg: Junius Verlag 1991, S. 89.

7 Daniel Loick: *Anarchismus zur Einführung.* Hamburg: Junius Verlag 2017, S. 215.

Gegenteil. Didier Eribon, der sich als Soziologe selbst in der Tradition Bourdieus verortet, beschreibt in *Gesellschaft als Urteil* (2017) zwar abermals die krasse und generationenlange Wirkung von Zuschreibungen zu Klassen, Geschlechtern und Ethnizitäten. Und wie sich die Menschen in diese zugewiesenen Orte und Rollen fügen. „Man kann nicht in einem Milieu leben“, schreibt Eribon, „ohne sich dessen Funktionsweisen - und seien es nur die Abläufe der täglichen Existenz - zu eigen zu machen. Man wird von jedem Milieu unweigerlich vereinnahmt.“[8] Herrschaft reproduziert sich im Alltag. Das erklärt einmal mehr, warum sozialer Wandel so langsam und behäbig von statten geht. Eribon schreibt aber auch: „Dieser primäre Gehorsam ist die unverzichtbare Grundlage für jeden Ungehorsam.“[9] Ohne Auseinandersetzung mit den eigenen Verwurzelungen gibt es also keine emanzipatorische Praxis. Radikalität kommt vom Lateinischen radix, die Wurzel. Es meint beides: Die Birnen- und Apfelbaumwurzelkunde. Und die Forderung: Wir wollen nicht nur den Birnensaft, sondern die ganze Apfelbaumplantage, die Kontrolle über die Ernte und selbst noch über den Geschmack der Safttropfen auf der Zunge!

8 Didier Eribon: *Gesellschaft als Urteil*. Berlin: Suhrkamp Verlag 2017, S. 120.
9 Ebd.

3 Erziehung

Zur Unvereinbarkeit von Anarchismus und Kindern

Das Problem am partnerschaftlichen Umgang mit Kindern ist, dass sie sich nicht verhalten wie Partnerinnen und Partner. Außer vielleicht wie Freunde nachts betrunken auf einer Party. Lass mich, ich will das ausziehen, is' mir doch egal, ob es schneit! Nein, ich will nicht mitkommen! Kinder müssen das Partnersein erst lernen. Es bedarf aber einer „Praxis der Gleichheit“[10], schrieb Peter Kropotkin 1913 in *Der Anarchismus*, um ein Gerechtigkeitsgefühl bei allen und allen gegenüber zu erzeugen. Ein kaum einlösbarer Anspruch. Zweijährige sind noch nicht einfühlsam. Ethische Normen und moralisches Empfinden beruhen auf gesellschaftlichen Konventionen und müssen erst angeeignet werden. Dass es sich gebietet, bei einer roten Ampel stehen zu bleiben, sieht auch der Dreijährige schnell ein, weil er die rasenden Autos sieht. (Ob er der eigenen Einsicht Folge leistet, ist eine andere Frage.) Aber warum er beim Essen die Füße vom Tisch nehmen soll, das ist erklärungsbedürftig. Eine Bedürftigkeit, die Erwachsene aber auch nicht bei allen Kleinigkeiten bedienen dürfen. Denn Erklärungen überfordern Kinder schnell. Ihr Zugang zum vernünftigen Argument ist begrenzt. Außerdem: Kinder sind leider keine geborenen Sozialist*innen. Wie die Anteilnahme müssen sie auch das Teilen erst lernen. Aber immerhin - wer mit Geschwisterkindern lebt, kennt das - das Verbünden gegen die Mächtigen kommt vergleichsweise schnell. Die auch

10 Peter Kropotkin: *Der Anarchismus. Ursprung, Ideal und Philosophie.* Hrsg. Von Heinz Hug. Grafenau und Wien: Trotzdem Verlag und Monte Verita Verlag 1993, S. 91.

in libertären Kreisen seit Jean-Jacques Rousseau gepflegte Annahme, der Mensch sei von Natur aus gut (also etwa: solidarisch) und dann kämen die Institutionen, insbesondere der Staat, und machen alles kaputt, ist leider falsch. Sie hält keiner Empirie stand. Fragen sie beliebige Eltern. Und trotzdem. Wie die leider etwas in Vergessenheit geratene Antipädagogik heißt es auch bei Jesper Juul, dem Familientherapeuten und Beratungsliteraturbestsellerautor: „Erziehung ist immer Manipulation und kränkt“[11]. Man erlaube sie daher auch nur Menschen, die man liebe. Und was diese sich auch immer an Konzepten und bewussten Maßnahmen ausdenken, das sei im Grunde bestenfalls für die Katz. Eher sogar kontraproduktiv. „Diese bewusste Erziehung macht auf Kinder keinen großen Eindruck, zumindest keinen guten.“[12] Kinder lernten stattdessen viel mehr von dem, was sie vorgelebt bekommen, als von ausgedachten Maßnahmen. Mit dieser Grundhaltung unterscheidet sich Juul erfrischend von sehr vielen vergleichbaren Autor*innen, in deren Büchern es häufig darum geht, wie man die lieben Kleinen am besten austrickst und dazu bringt, zu machen, was man selbst will. Auch wenn Juul Eltern als „Leuchttürme“ beschreibt, die den Weg weisen, oder als „Leitwölfe“, die die Führung in der Familie übernehmen sollen: Seine immer wieder variierte Ausgangsthese ist die von der Kooperation. Kinder müssen kooperieren, weil sie sonst nicht überleben würden. Und letztlich kooperieren wir alle. Und zwar vor allem aus einem Grund: „wir alle wollen uns für jemanden als wertvoll empfinden“[13]. Wenn Kinder - oder Menschen überhaupt - mal nicht kooperieren, hat das einen von zwei Gründen: „Sie sind entweder gekränkt oder überfordert.“[14]

11 Jesper Juul: *5 Grundsteine für die Familie. Wie Erziehung funktioniert.* München: Kösel-Verlag 2015, S. 130.

12 Ebd., S. 137.

13 Ebd., S. 34.

14 Katharina Saalfrank: *Kindheit ohne Strafen. Neue wertschätzende Wege für Eltern, die es anders machen wollen.* Weinheim Basel: Beltz Verlag 2017,

Das sagt Katharina Saalfrank, die andere aus anarchistischer Sicht akzeptable Beraterin in Sachen Leben mit Kindern. Akzeptabel, weil sie sich konsequent gegen jede Form von Strafen ausspricht.

Kooperation wäre demnach also auch eine gute Grundlage für Partnerschaft. Der anarchistische Kunsthistoriker Herbert Read (1893-1968) hatte darauf gehofft, alle zwanghaften Moralkodes und die Moral von Gehorsam und Disziplin durch eine „Moral der Zuneigung“[15] ersetzen zu können. Lehrer*innen sollten Freund*innen werden, die keine vorgefertigten Regeln vorsetzen, „sondern ihre Kinder dazu ermutigen, ihre eigenen kooperativen Tätigkeiten auszuführen, um damit spontan ihre eigenen Regeln zu erarbeiten.“[16]

Gemeinsam Regeln erarbeiten klingt gut, weil partnerschaftlich. Zwei Haken gibt es: Erwachsene sind erstens per se Mächtiger. Sie sind es konkret, weil Kinder abhängig sind, und sie sind es strukturell, weil sie rechtlich bevollmächtigt sind und so auch im Alltag adressiert werden. Diese Machtstruktur lässt sich nicht wegdiskutieren oder dadurch wegzaubern, dass Kinder ihre Eltern oder Bezugspersonen beim Vornamen nennen. Zweitens müssen die ausgehandelten Regeln dann leider auch noch vermittelt werden mit anderen, bereits bestehenden Regeln. Die Strumpfhose im Winter muss nicht nur aus Gesundheitsgründen sein, sie muss auch deutlich vor neun Uhr auf den Beinen sitzen, sonst wird das mit Kita und Jobbeginn ziemlich knapp. Nur zum Beispiel.

Anarchistische Pädagogik, schrieb der Experte zum Thema, Ulrich Klemm, war und ist „Bestandteil der sozialen und politischen Bewegung des Anarchismus [...], *also Ausdruck*

S. 26.

15 Herbert Read: „Die Erziehung des freien Menschen.“ In: Ders.: *Kunst, Kultur und Anarchie. Politische Essays wider den Zeitgeist.* Hrsg. Von Ulrich Klemm. Grafenau: Trotzdem Verlag 1991, S. 89-132, hier S. 118.

16 Ebd.

revolutionären Bewußtseins".[17] Das ist zwar dick aufgetragen, aber warum nicht?! Aber wer, wenn nicht Anarchist*innen mit ihrem Anspruch auf Praxistauglichkeit von Theorie, sollte wissen: Bewusstsein reicht nicht. Es ist nur ein erster Schritt zur Praxis. Und die kann gar nicht anders als widersprüchlich sein. Denn erstens hat man es mit einem prinzipiellen Machtverhältnis zu tun. Kinder brauchen emotionale und kognitive Orientierung. Emotional: Kränkungen und Überforderungen werden ja nicht als solche benannt, sondern äußern sich etwa im erbitterten Kampf um die Strumpfhosenlosigkeit. Kognitiv: „Papa, ist Afrika in Amsterdam?" Da muss geordnet werden. Zweitens existiert leider eine von Herrschaft durchzogene Gesellschaft, die die Erwachsenen-Kind-Beziehung umgibt. Da braucht es Vermittlung, Kompromiss, und die - das Wort kommt jetzt absichtlich - Führungsrolle eines Menschen, der sich mit den häufig abstrusen Feinheiten sozialer Konventionen und Ritualen auskennt. Über die Süßigkeiten-an-der-Kasse-Knatscherei lässt sich noch hinweggehen. (Cool bleiben ist im Umgang mit Kindern ohnehin das A & O). Im Supermarkt gebrüllte, auf andere Kundinnen gemünzte Fragen wie „Papa, warum ist die so dick?" müssen irgendwie der Vermeidung zugeführt werden. Weil sie andere verletzen. Aber Verbote nützen da, wie auch sonst, eigentlich nichts. Stattdessen Aufgreifen, Erklären, Aushandeln. Aber nicht zu viel, sonst droht Überforderung (bei Kindern). Nicht zu wenig, sonst droht Autoritarismus (durch Eltern). Es ist alles nicht so einfach. Trotzdem ist Klemm letztlich auch zuzustimmen, wenn er konstatiert: „Libertäre Pädagogik in einer von Machtverhältnissen und Ungleichheit bestimmten Gesellschaft wird zum ständigen Ankläger an Formen autoritärer Kommunikation und Interaktion"[18].

---

17 Ulrich Klemm: „'Verbrannte Pädagogik'. Über den aktuellen Zusammenhang von Pädagogik und Anarchismus." In: Hans-Jürgen Degen: *Anarchismus heute. Positionen.* Berlin: Verlag Schwarzer Nachtschatten 1991, S. 102-118, hier S. 102.

18 Ebd., S. 116.

4 Privilegien

Freiheit ist nicht die Seele des Fortschritts

Wer Nutzen zieht „aus den bestehenden Privilegien“, ist nicht an Veränderung interessiert. Das versteht sich von selbst. Aber es schadet auch nicht, daran zu erinnern. Das tat etwa der Anarchist Errico Malatesta (1853-1932) in seinem anarchistischen Programm von 1899.[19] Die Möglichkeiten freien Experimentierens im Hinblick auf Wirtschaft und Zusammenleben würden radikal beschränkt von den Privilegierten, den Besitzern der Produktionsmittel. Sie wollen ihre Privilegien nicht abgeben. Aus anarchistischer Sicht müssen sie deshalb bekämpft werden (und zwar mit Gewalt, meinte zumindest Malatesta).

Dass Privilegien eine positive Haltung zum Bestehenden hervorrufen, zumindest der Tendenz nach, lässt sich wohl mir nichts dir nichts auf die Gesellschaften der Gegenwart übertragen. Die politischen Konsequenzen daraus sind allerdings alles andere als eindeutig.

Schon die Frage nach der Wahl der Mittel (Gewalt) gegen die Privilegien wirft Probleme auf, die weit über strategische Fragen hinausgehen. Malatesta fordert letztlich, die Privilegien zu bekämpfen, indem die Privilegierten bekämpft werden. Das ist ganz prinzipiell *moralisch* fragwürdig. Auch die Privilegierten sind Menschen und das Recht auf körperliche Unversehrtheit ist ihnen nicht abzusprechen. Und *strategisch* hat sich die Gewaltanwendung

19 Errico Malatesta: „Ein anarchistisches Programm“ [1899]. In: Ders.: *Anarchistische Interventionen*. Münster: Unrast Verlag 2014, S. 63-83, hier S. 68.

zur Gewaltabwehr historisch nicht gerade als effektiv erwiesen. In der Regel kam es zu noch mehr Gewalt.

Daneben - oder eigentlich dabei - gibt es noch ein weiteres Problem, eher auf der Ebene der Analyse als auf der der Praxis. Denn auch mit den Privilegien selbst ist es nicht so einfach. Bei der immer größer werdenden globalen sozialen Ungleichheit denkt man natürlich schnell an die 42 Milliardäre, die gegenwärtig so viel besitzen wie die 3,7 Milliarden Ärmsten der Welt zusammen. An die Besitzenden und Mächtigen. Aber Privilegien sind relativ. Sie statten die einen mit besseren Mitteln und Möglichkeiten aus als die anderen. Sie finden sich auf allen Rängen des Sozialen, in jeder Nachbarschaft, in jedem Freundschaftsverhältnis. So kommt es, dass auch die sozialen Bewegungen selbst vor dem Privilegienproblem stehen. Der legendenumwobene spanische Anarchist Buenaventura Durruti (1896-1936) kannte das Problem. Durruti begrüßte den Zuwachs der anarchistischen Bewegung von Menschen aus der Mittelschicht, von Studierenden und Schriftsteller*innen, aber, sagt Liberto Callejas in Hans-Magnus Enzensbergers Durruti-Biografie, „er forderte von ihnen, daß sie ihren Anspruch auf Privilegien aufgaben, daß sie sich mit dem Volk vereinten.“[20] Mittelschichtsangehörige, Studierende und Schriftsteller*innen sind nicht unbedingt Besitzer*innen von Produktionsmitteln. Dennoch sind sie privilegiert gegenüber den meisten Arbeiter*innen. So wie auch Männer gegenüber Frauen privilegiert sind, Weiße gegenüber Schwarzen, Heterosexuelle gegenüber Homosexuellen. Es gibt also auch Privilegien jenseits ökonomischer Ressourcen. Auch diese müssen bekämpft werden, wie Durruti fordert.

So fordern es heute auch viele Vertreter*innen der Intersektionalitätsforschung, die die Überkreuzungen (intersections) von Herrschaftsverhältnissen (Klasse,

20 Hans-Magnus Enzensberger: *Der kurze Sommer der Anarchie. Buenaventura Durrutis Leben und Tod.* Frankfurt a.M.; Suhrkamp Verlag 1977, S. 94.

Ethnie, Geschlecht, Sexualität, ...) untersuchen. Und so fordern es auch die Critical Whiteness-Aktivist*innen, die das „Weißsein" als eine ethnische Zuschreibung erkannt haben, die Menschen mit Privilegien gegenüber anderen (nicht-weißen) ausstattet. Sie fordern den Privilegiencheck und Konsequenzen daraus. Wenn du als weiß durchgehst und studierst, halte in Diskussionen um eine herrschaftsfreie Gesellschaft erst mal den Mund! Du bist privilegiert und nimmst durch die Wortergreifung dein Privileg in Anspruch und anderen die Redemöglichkeit weg. So in etwa die Argumentation.

Da ist aus anarchistischer Sicht sicherlich zuzustimmen, denn Anarchismus ist die wohlbegründete Aversion gegen Privilegien. Deshalb muss auch die eigene Position - das Weißsein, die patriarchale Prägung, die bürgerlich Sozialisation - hinterfragt werden. Und das erfordert in der Konsequenz auch Regeln, müsste aus postanarchistischer Sicht ergänzt werden. Regeln, die die Privilegierten begrenzen und den Unterprivilegierten einen Raum eröffnen. Mit dem traditionsanarchistischen Diktum, dass die „Freiheit die Seele des Fortschritts"[21] ist, wie Emma Goldman meinte, ist das nur schwer in Einklang zu bringen. Denn traditionsanarchistische Ansätze kennen (meint: wollen) solche begrenzenden Regeln nicht. In libertären Kreisen aber sind Regulierungen heute längst üblich, von der Redezeit bis zur Triggerwarnung.

Dem Critical-Whiteness-Aktivismus ist aus anarchistischer Perspektive aber trotzdem auch zu widersprechen. Denn es wird mit Kategorien umgegangen - zum Beispiel mit Weißsein -, als wären sie und ihre Effekte in Stein gemeißelt. Aber Weißsein ist kein unabänderliches Faktum, es ist, wie das Privileg, eine relative Größe. Weiß ist man immer in Bezug auf etwas Anderes. Weißsein funktioniert nur manchmal

21 Emma Goldman: „War mein Leben lebenswert?" [1934] In: Dies.: *Anarchismus und andere Essays*. Münster: Unrast Verlag 2013, S. 229-243, hier S. 242.

privilegierend. Eine weiße Sozialhilfeempfängerin dem Schwarzen Fußballnationalspieler gegenüber als privilegiert zu beschreiben, wäre offensichtlich etwas schräg. Nachts dem Fascho gegenüber vielleicht, in den meisten anderen Lebenslagen wohl kaum. Zudem gibt auch innerhalb des Weißseins krasse Unterschiede, auch bezogen aufs Privileg. Auch hier verkennt offensichtlich Wesentliches, wer Wesensverwandtschaften behauptet, etwa zwischen der alleinerziehenden weißen Kindergärtnerin und dem weißen Konzernchef. Und schließlich mag das Privileg eine politische Haltung wahrscheinlicher machen als eine andere. Festlegen tut es sie nicht. Aus der Gruppenzuschreibung ergibt sich nicht automatisch die Handlung oder Haltung. Weiße Linke sind eben auch Linke und nicht nur weiß. Auch weiße können Antirassist*innen sein.

Vielleicht bietet dann doch wieder Malatesta einen Ausweg aus dem Essenzialismus, aus der behaupteten Wesensverbindung aller „Weißen". Er schreibt ziemlich am Anfang seines Textes einen wichtigen Satz: „Die gegenwärtige Gesellschaft ist das Resultat jahrhundertelanger Kämpfe zwischen den Menschen."[22] Resultate sind, wenn es um Gesellschaft geht, immer vorläufig. Sie sind veränderbar. Und zwar durch neue Kämpfe. So könnten die Forderung nach Privilegienverzicht mit jener nach einer privilegienfreien Gesellschaft Hand in Hand gehen - ohne dass die eine bloße moralische Gesten und die andere lebensferne Propaganda zur Folge hätte. Wenn es auch eine Errungenschaft ist, dass Positionen offengelegt werden („ich bin weiß..."), bringen Beichten („... und deshalb schuldig") keine Emanzipation. Sie ist nur durch politische Positionierungen und politische Praxis möglich. Diese sollten darauf zielen, wer und was Privilegien schafft - von der Steuererleichterung für Unternehmen bis zur VIP Lounge. Und nicht so sehr auf vermeintlich feststehende Positionen. Aufs Tun und nicht so sehr aufs

22 Malatesta 2013, a.a.O., S. 63.

Sein. (Selbst wenn Sein immer auch durch Tun geschaffen wird.) Es geht um linke Gemeinsamkeiten und auch um gemeinsame Gegnerschaften. Gegen diejenigen etwa, die die globale soziale Ungleichheit verschärfen. (Obwohl die Verschärfungen dann den weißen Werbetexter weniger hart treffen als die People of Color-Arbeiterin.) Aber um das Profitieren von Privilegien muss sicherlich gestritten werden. Dass gewaltfreies Kommunizieren dabei zweifellos mehr bringt als rhetorische oder physische Gewaltanwendung, wäre dann Thema für eine weitere Glosse.

5 Neue Linke

Das Leben ist politisch, Motherfuckers!

„Wir verkörpern die Nachfrage nach unserem Leben“[23], lässt Rachel Kushner in ihrem Roman *Flammenwerfer* den Motherfucker Fah-Q sagen. In den USA sei die Nachfrage nach Leben die einzige, die nicht gedeckt werden könne. Also das Leben selbst in die Hand nehmen. Die Gruppe der Motherfuckers, die sich nach dem Polizeibefehl gegenüber rebellischen Jugendlichen „Up Against the Wall, Motherfuckers!“ benannte, besteht im Buch aus ein paar ziemlich durchgeknallten und gewaltbegeisterten Typen. Im weitesten Sinne wohl Linke, die die Rebellion der 1960er Jahre verkörpern wollten. Sie besetzen Häuser, werfen Brandbomben, verprügeln Rocker und reden auch von Anarchie. Neue Linke. Das Leben steht im Mittelpunkt, nicht mehr die Arbeit. Darum ranken sich die Kämpfe. Damit wird auch der Entfremdung in der Theorie mehr Aufmerksamkeit als der Ausbeutung gewidmet. Guerillahafte Aktionsformen lösen Partei- und Gewerkschaftsarbeit als angesagte und dauerhafte Praxis ab. Das Proletariat wird nicht länger als einziges, zwingendes Subjekt der Geschichte begriffen. Und schließlich wird der Leninismus mit seiner Orientierung auf das Ergreifen der Staatsmacht verworfen. Das alles ist mit dem Jahr 1968 verknüpft, es kulminiert dort in verschiedensten Formen, die Motherfuckers sind eine Form von vielen.

Eine andere war die neue Frauenbewegung. Sie war auch eine Reaktion auf den Machismo der linken Genossen. Eine neue Politik in der ersten Person. Die Anarchafeministin

23 Rachel Kushner: *Flammenwerfer*. Reinbek bei Hamburg: Rowohlt Verlag 2015, S. 265.

Peggy Kornegger schreibt 1975 rückblickend: „Als die zweite Welle des Feminismus in den späten sechziger Jahren das Land überflutete, zeigten die Formen, die die Frauengruppen oft annahmen, ein ausgesprochen freiheitliches Bewußtsein. [...] Wir lernten voneinander, daß Politik nicht dort draußen, sondern in unseren Körpern und Köpfen und unter den Individuen abspielt."[24]

So gesehen kann „1968" nicht nur als feministischer Aufbruch, sondern auch als eine Erfolgsgeschichte für den Anarchismus gelesen werden. Denn alle fünf Kriterien für das Neue in der linken Politik der Neuen Linken - Leben statt Arbeit, Entfremdung statt Ausbeutung, Guerilla /Spontaneität statt Partei/ Organisation, Viele statt Proletariat, Macht von unten statt Staat - kommen aus der libertären Bewegung. Hier wurde die politische Konzentration auf die Fabrikarbeit kritisiert und das sozialistische Beginnen propagiert, hier spiegelte sich die Ablehnung von Hierarchien auch in den eigenen Organisierungsversuchen. Hier wurde neben den ArbeiterInnen auch Bohèmiens und Waschfrauen, Lumpenproletarier und Lehrlinge adressiert.

Man muss die Unterscheidung zwischen alter und Neuer Linker nicht überstrapazieren, aber diese fünf Kriterien haben sich als Differenzmarkierungen doch einigermaßen durchgesetzt. Man sollte sie auch nicht überstrapazieren, weil sich gerade innerhalb der anarchistischen Bewegungen eben oft Elemente beider Kategorien fanden. Proletarische Ausrichtung und Staatsablehnung, Ausbeutungskritik und Spontaneismus usw. Und dennoch wurde die Differenz von alter und Neuer Linker auch von Zeitzeugen und Zeitzeuginnen als Bruch erfahren. Als beispielsweise alte Gewerkschaftsaktivisten auf junge studentische Rebellen trafen. Es gab die Motherfuckers tatsächlich, nicht nur

24 Peggy Kornegger: „Der Anarchismus und seine Verbindung zum Feminismus." In: Div.: *Anarchafeminismus.* Berlin: Libertad Verlag 1982, S. 21-70, S. 53.

im Roman. Der Anarchosyndikalist Sam Dolgoff (1902-1990) traf Ende der 1960er Jahren mit einigen von ihnen zusammen. Er beschreibt sie mit revolutionärem Augenzwinkern als „eigentlich sehr liebenswürdige Leute, absolut unfähig, ihre Drohungen in die Tat umzusetzen.“[25] Der gestandene Organisator Dolgoff ist den unklaren Zielen und chaotischen Lebensgewohnheiten der Motherfuckers nicht sehr zugetan und von der „romantischen Glorifizierung von Gewalt“[26] ziemlich angeekelt. Ihnen bei der Prozessekostenbeschaffung zu helfen, hielt er dennoch für seine solidarische Pflicht. Die italienischen Genossen allerdings wollte man zu dieser Solidarität nicht verpflichten - bei ihnen, beschreibt Dolgoff die Bedenken, würden die Mütter sehr verehrt und da wollte man ihnen die positive Bezugnahme auf eine Gruppe namens Motherfuckers nicht zumuten.

An den Geschlechterrollenklischees sollte dann doch nicht gerüttelt werden. Der Umsturz der herrschenden Geschlechterordnung stand offenbar in der „alten“, arbeiterbewegten Linken nicht ganz oben auf der Tagesordnung. Das änderte sich 1968 definitiv. Und zwar gleichzeitig als Reaktion auf die Mütterverehrung und auf die machistische Motherfuckerei der jungen Genossen. Wie Kornegger hat auch die Historikerin Christina von Hodenberg in ihrem aktuellen Buch über *Das andere Achtundsechszig* darauf hingewiesen, wie wichtig eigentlich die feministische und frauenbewegte Mobilisierung dieser Zeit war. Das eigene Leben selbst gestalten zu können und es nicht nach Männern und Kindern ausrichten zu müssen, das musste gegen die überwiegende Mehrheit und gegen das dominante Normengefüge erst durchgesetzt werden. Das Selbstbestimmungsrecht über den eigenen Körper und die Frage der Reproduktionsarbeit waren ganz alltagspraktische Probleme. Sie schienen privat

25 Sam Dolgoff: *Anarchistische Fragmente. Memoiren eines amerikanischen Anarchosyndikalisten*. Lich/Hessen: Verlag Edition AV 2011, S. 112.
26 Ebd.

und mussten erst als öffentlich und damit als politisch relevant eingefordert werden. Der Charakter von 1968 als historisches Ereignis sei anders zu verstehen, schreibt von Hodenberg, „wenn wir das Private gleichwertig neben das Öffentliche stellen."[27]

Der feministische Teil der Bewegung wird nach wie vor „geringgeschätzt und als Nebenprodukt des politischen, männlichen Achtundsechzig betrachtet."[28] Ebenso werden die anarchistischen Elemente unterschätzt, ins Lächerliche gezogen oder, wie vom Historiker Götz Aly, verfälscht dargestellt. Manche Leute seien um 1968 den Ideen des „obsessiven Antisemiten Michail Bakunin"[29] gefolgt, schrieb Aly 2008 in seinem Abrechnungsbuch - als hätten sie es *wegen*, nicht *trotz* des Antisemitismus getan! Die Verleugnungsgeschichte teilen Anarchismus und Feminismus wohl. In den Effekten allerdings unterscheiden sie sich vehement. Anders als der Anarchismus hat der Feminismus auch langfristig enorme Veränderungen in der Tiefenstruktur der Gesellschaft herbeigeführt. Die totale Orientierung an der Ehe, die gesetzliche Vormundschaft durch Männer, die Scham öffentlich zu sprechen, die unbedingte Festlegung auf Reproduktionsarbeit und Mutterschaft - all das ist bekämpft worden und als Norm gefallen! Wenn auch die sozialistischen, räterepublikanischen, antikapitalistischen Hoffnungen von 1968 im langen Marsch durch die Institutionen auf der Strecke geblieben sind, das Leben vieler, vor allem für Frauen, hat sich zum Besseren hin verändert!

Die Erfolgsgeschichte des Anarchismus muss hingegen viel bescheidener geschrieben werden. Sie findet sich in Impulsen und Motivationen für kleine Minderheiten.

---

27 Christina von Hodenberg: *Das andere Achtundsechzig. Gesellschaftsgeschichte einer Revolte*. München: Verlag C.H. Beck 2018, S. 110.

28 Ebd., S. 107.

29 Götz Aly: *Unser Kampf. 1968 - ein irritierter Blick zurück*. Frankfurt am Main 2008, S. 9.

(Hier setzt auch der Postanarchismus an. Postanarchismus ist reflexive Minderheitenpolitik. Er tut nicht so, als würde er „das Volk“ oder sonst eine Masse oder Menge repräsentieren oder automatisch auf solch eine Einheit zurückgreifen zu können. Und er ist sich dessen bewusst, macht den Minderheitenstatus zum Thema. Darin unterscheidet sich der Postanarchismus von anderen Strömungen der alten und Neuen Linken, die, Neoanarchismus inklusive, zwar von Minderheiten getragen wurden - Studierendenbewegung, lokal agierende Gruppen vom AnarchosyndikalistInnen etc. -, aber immer davon ausgingen, im Prinzip für die Mehrheit sprechen zu können. Oder zumindest mit ihr, in solidarischer Verbundenheit.) Dass hingegen auch der Anarchismus sich massenhaft durchsetzt, und zwar wie Dolgoff hoffte, „nicht nur als Rebellion gegen den Status Quo, sondern als praktische und notwendige Alternative zu autoritären Institutionen“[30], davon sind wir Lichtjahre entfernt.

30 Dolgoff, a.a.O., S. 115.

5 Klassen

Gegen Grundbuchämter und Porträts

Als wir in den späten 1980er Jahren zum Anarchismus fanden, war das im Wesentlichen schon ein Neoanarchismus. Also einer, in dem die Klassenfrage eigentlich keine Rolle mehr spielte. Irgendwann um die „1968er Jahre" herum hatten sich die neu aufgekommenen anarchistischen Strömungen an die Kritische Theorie angelehnt und die Arbeiter*innenklasse als „integriert" betrachtet. Ihre Farbfernseher, Ford Fiestas und die Rente waren ihnen wichtiger als der Klassenkampf. Wir hatten zwar einen Heidenrespekt vor den noch lebendigen Kämpferinnen und Kämpfern aus der Spanischen Revolution, die sich nach wie vor bruchlos positiv aufs Proletariat bezogen, aus dem sie kamen. Aber mit der Realität der Arbeiter*innen, die wir kannten, hatte das nichts zu tun. Mit ihren Schnauzbärten und Vorgärten, beide gepflegt, gehörten sie zum System wie das Herrengedeck zur Eckkneipe. Wir skandierten auf Demos „Die totale Härte/ Oberlippenbärte" und meinten letztlich nicht nur die Bullen, die uns begleiteten.

Neben der analytischen Anlehnung an Adorno und vor allem an Herbert Marcuse sahen wir unsere Ignoranz gegenüber den stattfindenden Klassenkämpfen auch politisch gerechtfertigt. Uns Anarchisten, lasen wir bei Gustav Landauer, „ist jeder, welcher Gesellschaftsklasse er auch angehören mag, als Genosse recht"[31], er (und sie) muss nur die Haltungen teilen und nicht die Position im Produktionsverhältnis. Warum also allein aufs Proletariat setzen? Sich nach wie

31 Gustav Landauer: „Der Anarchismus in Deutschland" [1893]. In: Ders.: *Auch die Vergangenheit ist Zukunft. Essays zum Anarchismus.* Frankfurt am Main: Sammlung Luchterhand 1989, S. 45-54, hier. S. 52

vor hauptsächlich auf die Arbeiter*innen zu beziehen und politische Hoffnungen in sie zu setzen, schien uns so unzeitgemäß wie das Layout von Broschüren der DKP.
Dass die soziale Ungleichheit wuchs, nahmen wir zwar zur Kenntnis. Aber anstatt die SPD nach links zu drängen, stimmten die Arbeiter*innen 1993 mehrheitlich für die massive Einschränkung des Asylrechts und Helmut Kohl wurde ständig wiedergewählt. Von heute aus betrachtet, muss die Selbstkritik unserer früheren Haltungen gegenüber aber dennoch ambivalent ausfallen.
Mit beidem, der analytischen Integrationsthese und der politischen Diversitätsthese („uns ist als Genoss*in jede/r recht"), lagen wir einerseits richtig. Die entscheidenden emanzipatorischen Kämpfe fanden auf dem Terrain der Ökologie (Anti-Atom) und in Bezug auf Frauenrechte statt, sie wurden vor Migrationshintergrund um Bleiberecht und Staatsbürgerschaft geführt. Auch wenn um höhere Löhne und weniger Arbeit gekämpft wurde, in der zentralen Arena fand das nicht statt, weder im Hinblick auf weitreichende Emanzipationsvorstellungen noch in Bezug auf soziale Veränderungen insgesamt. Je differenzierter eine Gesellschaft, desto vielfältiger auch die Positionen, von denen aus gekämpft werden kann und wird. Von einer „working class", die eine „dezentralisierte Form popularer Macht"[32] entwickelt, wie sie der Anarchist Michael Schmidt noch (oder wieder) 2013 sieht, kann überhaupt keine Rede sein. Gegen solche, im Anarchismus wie der Linken insgesamt verbreitete, arbeitertümelnde Positionen sind Neo- und Postanarchismus gute Korrektive.
Andererseits lagen wir mit beidem aber auch kolossal daneben. Die Annahme, die Arbeiter*innen hätten sich selbst integriert, erwies sich als viel zu verallgemeinernd. Wenn auch das Gros der Fabrikarbeiter*innen nicht ständig auf Demos auftaucht, so sind doch durchaus andere Formen

32 Michael Schmidt: *Cartography of Revolutionary Anarchism.* Oakland/ Edinburgh/ Baltimore: AK Press 2013, S. 131 (Übers. O.L.).

denkbar und angewandt worden, in denen Widerstand oder zumindest ein Nichteinverstandensein zum Ausdruck kommt. Verallgemeinernd aber auch im Denken darüber, wer und was die Arbeiter*innen sind. Wir dachten da bloß in Industriegesellschaftskategorien. Die migrantische Putzhilfe, den Call Center-Angestellten, all die Inhaber*innen kurzzeitiger und prekärer Jobs hatten wir nicht im Blick. Auch sie werden über ihre Arbeit ausgebeutet. Und nicht nur das.

Sie werden auch diskriminiert. Mit der Unsichtbarkeit von Klassen gingen wir auch - fälschlicherweise - davon aus, Klasse spiele in den Herrschaftsverhältnissen kaum eine Rolle mehr. Nur weil man sie nicht mehr sieht und sie auch objektiv nicht mehr so einheitlich existieren, heißt das nicht, dass die Klassen nicht da sind und wirken. Erst Pierre Bourdieu und die Klassismus-Debatte machten uns darauf aufmerksam: Klassenherrschaft existiert nicht nur über die Wertschöpfung. Sie reproduziert sich im Konsum und in Gesten, im Geschmack.

Der spanische Schriftsteller Rafael Chirbes lässt in seinem 2003 auf Spanisch erschienen Roman *Alte Freunde* einen der Protagonisten über die „zähe Resistenz der Klassenschranken“ sinnieren. „Uns Anarchisten und Kommunisten war klar: Wollte man Gleichheit wenigstens für einen Augenblick erreichen, musste man zuerst die Grundbuchämter, die Archive verbrennen. Wollte ich noch einmal eine egalitäre Welt schaffen, ich würde außerdem noch die Porträts verbieten, nicht nur weil die Kleidung auf den Bildern die Klasse verrät, sondern auch, weil sich in Haltung, Gebärden sowie im Blick eine besondere Geschmeidigkeit ausdrückt, die nur eine über Generationen wiederholte Klassengymnastik hervorbringt.“[33]

Klassenherkunft ist langlebig. Sie hat sich in die Körper eingeschrieben und in ihnen abgelagert. Die Lebenserwartung von Armen ist wesentlich niedriger als die von Reichen. Diese Ablagerungen werden unter der neoliberalen

33 Rafael Chirbes: *Alte Freunde*. München: Heyne Verlag 2006, S. 138f.

Hegemonie wieder sichtbarer: Die Schnäuzer sind zwar weg, aber darunter treten die schlechten Zähne und die grobporige Haut als Verräterinnen des Herkunftsmilieus hervor. Dass Menschen deswegen benachteiligt werden, ist so offensichtlich wie skandalös. Jede anti-herrschaftliche Positionierung muss auch daran ansetzen. Der Kampf gegen die Diskriminierung schließt den Kampf gegen die Ausbeutung keinesfalls aus, er ergänzt ihn.

7 Solidarität

Gegen die hässlichsten Züge der bestehenden Ordnung

Im Sommer 2018 macht sich knapp die Hälfte der Deutschen (47 Prozent) „große Sorgen“ über die „Flüchtlingssituation“. Das hat eine Umfrage des Instituts für Demoskopie Allensbach im Auftrag der *Frankfurter Allgemeinen Zeitung* ergeben. Menschen ertrinken im Meer zu dieser Zeit, im Sommer 2018 bereits ungefähr 1.400 seit Beginn des Jahres, wahrscheinlich mehr. Da kann, da sollte man sich schon sorgen, dass nicht noch mehr ertrinken. Aber die Sorge gilt gar nicht den Menschen in Not. Sie ist kein Ausdruck von Solidarität mit den Schwächsten. Die Sorge gilt dem eigenen Lebensstandard, dem Lebensmodell. Die gleiche Studie misst einen Anstieg der potenziellen AfD-WählerInnen von 13 auf 15 Prozent der Wahlberechtigten. Wenn auf dem Gipfeltreffen der EU zur gleichen Zeit die „europäische Solidarität“ eingefordert wird, ist das ebenfalls keine Sorge um die Ertrinkenden und eigentlich auch keine Solidarität: Rechte Regierungen wie diejenige Italiens, die geretteten Flüchtlingen das Ankommen auf ihrem Territorium verweigern, wollen nicht länger „alleingelassen werden“. Sie, die Flüchtenden mit allen staatlichen und privatisierten Mitteln die Einreise verweigern, stellen sich als Schwache dar und fordern „Solidarität“ ein. Eine perfide Nutzung des Begriffs. Eine Politik der Niedertracht in Wort und Tat, die das Wort für politische Unterstützung vor allem *gegen Andere* in Anschlag bringt. Das eingeforderte Zurseitestehen soll nicht der Entwicklung aller dienen, sondern nur bestimmten

Leuten nutzen und den anderen schaden. Sie ist wirklich mörderisch, diese „europäische Solidarität".
In einem Text zur Frage der Solidarität im Klassenkampf schrieb der Historiker und Anarchist und Anarchismus-Historiker Max Nettlau (1865-1944), dass Solidarität ohne Würde nicht zu denken sei. Es braucht so etwas wie individuelle moralische Integrität, die die kollektive Bezugnahme, das Solidarisch-Sein unterfüttert. Solidarität und Würde gehören zusammen. Würde ohne Solidarität führe nur zu individualistischer Selbstsucht und Karrierismus. Solidarität ohne Würde nur zu Abgrenzung. Solidarität ohne persönliche Würde ist eigentlich nur Kumpanei und Ressentiment gegenüber anderen. Sie ist gerade das - der Satz scheint wie auf das Jahr 2018 zugeschnitten -, „was wir um uns herum sehen, was uns in jeder Minute verletzt: Solidarität der kompakten Majorität mit den häßlichsten Zügen der bestehenden Ordnung: Konkurrenz, Patriotismus, Religion, politische Parteien usw."[34]
Dieser Art ist die „europäische Solidarität" der Protofaschisten in Italien und ihrer Rechten und Ultrarechten Kumpanen in Österreich und Ungarn und in der AfD. Diese Art von „Solidarität" (ohne Würde) zielt nur auf die „eigenen Leute", auf die vermeintlich Gleichen. Auch wenn sie sich strategisch in Stärkere und Schwächere aufspalten, wie im Falle der italienischen Forderung. Es sind immer die gleichen und die immer gleichermaßen lächerlichen und brutalen, einfältigen und zwingenden Losungen, die die „Alternative für Deutschland" oder „Deutschland den Deutschen" (NPD) oder „Österreich Zuerst" (Jörg Haider 1992/ Peter Pliz 2016) fordern und behaupten die „Wahren Finnen" etc. zu sein. Es ist leider auch die „Solidarität" ihrer WählerInnen, die in Abschottung das Heilmittel zur Garantie von Karriere, Kleinwagen und

34 Max Nettlau: „Verantwortlichkeit und Solidarität im Klassenkampf." [1899] In: Ders.: *Gesammelte Aufsätze. Band 1.* Hannover: Die freie Gesellschaft 1980, S. 87-100, hier. S. 88.

Konsum sehen. Und das sind nicht wenige. Sie finden sich in allen gesellschaftlichen Schichten, im sogenannten abstiegsbedrohten KleinbürgerInnentum vielleicht noch am meisten. Irgendwo zwischen den 15 und 47 Prozent in Deutschland, anderswo gegenwärtig mehr, auch in den Milieus der Arbeiterklasse. Machen wir uns nichts vor. „Der Fortschritt der Arbeiterbewegung scheint sich verzweifelt langsam zu entwickeln", befand schon Nettlau vor rund 120 Jahren. „Ideen, die uns so klar, so selbstverständlich und annehmbar erscheinen, stoßen oft auf eine so ungeheure Menge von Vorurteilen und Gleichgültigkeit, daß es zweifelhaft erscheint, ob die großen Massen sie jemals bewußt und ernsthaft sich zu eigen machen werden [...]."[35] Eine dieser Ideen ist die der Solidarität - mit Würde und ohne Anführungszeichen. Es gibt wohl kaum ein abschreckenderes Beispiel für „Solidarität" auf Kosten anderer als das gegenwärtige Grenzregime des europäischen Staatenverbandes mit seiner Frontext-Privatarmee, die sich gegen Menschen richtet, die nach einem besseren Leben suchen. Die erste Herausforderung für wirkliche Solidarität besteht ganz offensichtlich also darin, sie nicht auf Kosten anderer zu üben.

Die zweite Herausforderung für Solidarität besteht darin, sie nicht als Hilfe unter Gleichen zu denken. Solidarität basiert auf der Anteilnahme am Leiden anderer, sie setzt Gleichheit gerade nicht voraus. Sie sollte Gleichheit nicht voraussetzen. Egal, ob die vermeintliche Gleichheit der „solidarischen" EuropäerInnen, die dann die Grenzen schließen, oder die vermeintliche Gleichheit der Proletarier aller Länder, die sich vereinigen sollten und es dann doch nicht taten. Solidarität - mit Würde und ohne Anführungszeichen - sollte nicht Gleichheit zum Ausgangspunkt nehmen, sondern Unterschiedlichkeiten. Sich mit denjenigen zu verbünden, die einer oder einem ähnlich sind, ist weder Aufwand noch Kunststück (und

35 Ebd., S. 87.

trotzdem schwierig genug, siehe die Geschichte der Arbeiterbewegung). Die wirkliche Herausforderung besteht darin, sich mit Menschen gemein zu machen, sich verbindlich - solidarisch kommt vom Lateinischen solidus: echt, fest - für sie einzusetzen, wenn sie nicht das gleiche Schicksal, nicht das gleiche Milieu, nicht die gleichen Lebensgewohnheiten teilen. Und zu ertrinken drohen. Der postanarchistische Theoretiker und Aktivist Richard J.F. Day hat das mal „groundless solidarity" genannt, was sich als Solidarität ohne gemeinsame Basis übersetzen ließe.[36] Der Begriff, den er von der Feministin Diane Elam aufgreift, könne die verschiedenen „axes of subordination"[37] miteinander verknüpfen. Solidarität ohne gemeinsame Basis vermittelt aber nicht nur zwischen unterschiedlichen Unterdrückungsformen bzw. zwischen denen, die von ihnen direkt betroffen sind. Solidarität ohne gemeinsame Basis (mit Würde, ohne Anführungszeichen) ist seit jeher in der Linken und in den libertären Bewegungen auch die Parteinahme für die Schwachen und Ertrinkenden gewesen, ohne selbst unterdrückt oder leidend oder ohne einfach nur Refugee zu sein. Der Schriftsteller Henry David Thoreau (1817-1862) musste keine Schwarze Sklavin sein, um wegen der Sklaverei zu Steuerboykott und Ungehorsam aufzurufen. Anteilnahme am Leiden anderer geht auch ohne selbst zu leiden. Daran gilt es anknüpfen gegen die niederträchtige, mörderische Politik der europäischen Rechten im 21. Jahrhundert und für ein würdiges Leben aller Menschen!

---

36 Richard J.F.Day: *Gramsci is dead. Anarchist Currents in the Newest Social Movements*. London/ Ann Arbour: Poluto Press 2005, S. 188.
37 Ebd., S. 189.

8 Konsum

Mehr Moral, mehr Politik

Auf der Interrail-Rückreise landeten wir von Athen und Belgrad kommend an einem österreichischen See. Auf unserer Tour hatten wir auch eine Aussteigerkommune auf einer griechischen Insel besucht. Vor der Rückkehr in den Alltag und dem Beginn unseres nachschulischen Zeitalter überlegten wir, was wir selbst tun könnten, um unserem Unmut über den gesellschaftlichen Status Quo Ausdruck zu verleihen. Irgendwie, irgendwo musste man doch anfangen. Griechenland kam nicht in Frage (zu weit, zu heiß, zu eskapistisch). Der Fleischkonsum in den westlichen Industrieländern trug wegen der Verfütterung des Getreides an Tiere zum Verhungern von Menschen bei. Bei der Herstellung von Weißblechdosen werden enorme Mengen Wasser verschwendet. Solche Sachen wussten wir. Unsere Schlafsäcke hatten wir auf einem Spielplatz an der Uferpromenade ausgerollt und beschlossen, ab jetzt kein Fleisch mehr zu essen und kein Bier oder sonstwas mehr aus Dosen zu trinken. Das war 1990. Seitdem habe ich kein Stück Fleisch oder Fisch mehr gegessen und das Dosenbier selbst abgelehnt, als ich bei einem Punkkonzert deshalb als Snob beschimpft wurde. Aber hat das überhaupt was gebracht? Konsumverzicht oder bewusster Konsum ist ein umstrittenes Thema in der Linken.

Dass der Konsum nicht nur Segen für die die Befriedigung der Bedürfnisse, sondern auch Fluch ist, mit dem Ausbeutung anderswo ausgeweitet und Herrschaft subtiler ausgeübt wird, wurde spätestens um 1968 ein zentraler Topos der Linken. Der Philosoph Herbert Marcuse, einer der wichtigen Bezugspersonen für die Studierendenbewegung, hatte schon 1964 in *Der eindimensionale Mensch* geschrieben, die Gesellschaften der Gegenwart zeichneten sich dadurch aus, dass die „sozialen Kontrollen das überwiegende Bedürfnis nach Produktion und Konsumtion von unnützen Dingen“[38] erzwingen. Konsumzwang! Er wurde bekämpft und in der Kunst der Pop Art ironisiert. KünstlerInnen beklagten selbst im Schwellenland Mexiko, dessen Konsumniveau kaum mit dem in Westeuropa und Nordamerika zu vergleichen war, die Abhängigkeit der Kunstschaffenden in der Konsumgesellschaft („sociedad de consumo“) von ökonomischen Werten im doppelten Wortsinne.[39] So hieß es 1971 in einer Erklärung des unabhängigen Zusammenschlusses *Salon Independiente*. Zuletzt hatte der Soziologe Zygmunt Bauman in *Leben als Konsum* die sozialen Folgen des Massenkonsums kritisiert: Verschwendung, Exklusion und zunehmende Ausbeutung. Und durch die Kurzlebigkeit von konsumorientierter Bedürfnisbefriedigung auch Unsicherheit und Unplanbarkeit. Am Herrschaftscharakter des Konsums ließ auch Bauman keinen Zweifel, die Menschen würden in der Konsumgesellschaft „von Geburt an und ihr Leben lang gedrillt.“[40]

Wie aber ist nun aus radikaler linker Sicht auf die Konsumgesellschaft zu reagieren? In den Antworten auf diese Frage lassen sich im Wesentlichen zwei Fraktionen unterscheiden. Ich nenne sie - etwas polemisch zugespitzt

---

38 Herbert Marcuse: *Der eindimensionale Mensch. Studien zur Ideologie der fortgeschrittenen Industriegesellschaft* [1964] Berlin und Neuwied: Sammlung Luchterhand 1971, S. 27.

39 Salon Independiente: „El Salón Independiente Se Disolvío Definitivamente Anteayer“ („Der Salon Independiente hat sich vorgestern definitiv aufgelöst“), ohne Datum [1971], Auflösungserklärung des Salon Independiente, in: Alberto Híjar Serrano (Hg.): *Frentes, Coaliciones y Talleres. Grupos Visuales en México en el Siglo XX.* México D.F.: Centro Cultural S.A. 2007, S. 191-193, hier S. 192.

40 Zygmunt Bauman: *Leben als Konsum*. Hamburg: Hamburger Edition 2009, S. 134.

- die leninistische auf der einen und die goldmanistische auf der anderen Seite.

Auf der einen Seite wird der ganze bewusste Konsum für sinnlos und letztlich sogar - apropos Snob - für bürgerlichen Firlefanz gehalten, den man sich auch erst mal leisten können muss. Leninistisch sind solche Positionen insofern, als sie jedes auf emanzipatorische Veränderung abzielende Handeln im Hier und Jetzt für überflüssig und nur die linke Eroberung der Staatsmacht für die Lösung des Problems halten. Dann nämlich lassen sich politische Regulierungen durchsetzen, die die Wasser- und Nahrungsmittelverschwendung und damit auch den Hunger beenden.

Eine solche leninistische Argumentation vertritt gegenwärtig etwa Luise Meier in ihrer ansonsten ganz undogmatischen *MRX-Maschine*. Zum bewussten Konsum schreibt sie in ihrem Manifest zum Beispiel: „Das Problem der Kinderarbeit wird nicht gelöst, wenn die *verantwortungsbewusste Konsumentin* keine Nike-Schuhe trägt, wenn einzelne Fabriken keine Kinder mehr anstellen, sondern wenn Kinder keine Arbeit mehr brauchen, um zu überleben.“[41] Tragt also ruhig die Nike-Schuhe, ließe sich schließen, nur die Revolution kann die Kinderarbeit beenden.

Auf der anderen Seite wird, wie von Emma Goldman (1869-1940), die Ansicht vertreten, dass zur Verwirklichung eines „freien Kommunismus“ auch individuelles Tun und persönliche Integrität entscheidend sind. Es könne keine politische Freiheit durchgesetzt werden, schrieb die Anarchistin Goldman, „solange das persönliche Verhalten maßgeblich von Geldgier und finanziellen Überlegungen bestimmt ist.“[42] Es muss im Kampf um eine gerechte Gesellschaft daher immer auch am Handeln einzelner angesetzt werden.

41 Luise Meier: *MRX-Maschine*. Berlin: Matthes & Seitz 2018, S. 41.

42 Emma Goldman: „Was ich denke.“ [1908] In: Dies.: *Anarchismus und andere Essays*. Münster: Unrast Verlag 2013, S. 17-35, hier S. 20.

Aktuell wird diese Herangehensweise etwa von den VertreterInnen des Konzepts der „imperialen Lebensweise" vertreten (vgl. GWR 422). Das Konsumniveau und der Ressourcenverbrauch in den westlichen Industriestaaten werden als „imperial" verstanden, weil sie sich ständig gewaltsam ausweiten. Und von einer „Lebensweise" wird gesprochen, weil nicht nur ökonomische Mechanismen, sondern Praktiken gemeint sind, die alle Bereiche des Lebens prägen - vom Fleischkonsum über Urlaubsflüge und die permanente Autonutzung bis zum Tragen des Nike-Schuhs. „Echter Wandel fängt auch bei uns selbst an", heißt es programmatisch in einer Broschüre, beispielsweise „indem Menschen einer solidarischen Landwirtschaftsinitiative beitreten, öfter das Fahrrad statt das Auto nutzen oder ihr defektes Smartphone reparieren lassen, statt gleich ein neues zu kaufen"[43]. Oder eben keine Nike-Schuhe tragen, weil für deren Herstellung Kinder arbeiten müssen.
Vor dem Nike-Store denkt man sich dann: Ob ich jetzt ein Paar dieser Abertausenden von Schuhe kaufe ist ja so was von Wurscht. Sicher, ein einzelner Verzicht verändert globale Produktionsverhältnisse nicht. Und doch braucht es die Verweigerung und das Nicht-Mitmachen, um Veränderungsprozesse überhaupt auslösen zu können. Es braucht das tätige Bewusstsein darüber, dass unsere Klamotten, unsere Telefone, unsere Kühlschränke und die 500 Sneakers von Jerome Boateng andere Leute systematisch ins Elend stürzen. Ohne dieses Bewusstsein von unten wird sich auch keine Kampagne aufbauen und letztlich auch keine Regulierung durchsetzen lassen. Die Konsumgesellschaft wird damit nicht gleich aus den Angeln gehoben und der Warenfetischismus kaum durchkreuzt. Aber es ist eben ein Anfang.
Und es gibt Effekte auch vor der Revolution: Dass ich zapatistischen Kaffee trinke und alle meine Freundinnen

---

43 I.L.A. Kollektiv: *Auf Kosten Anderer? Wie die imperiale Lebensweise ein gutes Leben für alle verhindert*. München: oekom Verlag 2017, S. 90/91.

und Freunde dazu einlade, es auch zu tun, ist die Voraussetzung dafür, dass das faire und ökologische Produkt überhaupt vertrieben werden kann. Und jedes fair produzierte paar Schuhe ist besser als eines von Nike. Das schließt Regulierungen gar nicht aus - Kerosin besteuern, Tierfabriken verbieten etc. -, aber auch die müssen letztlich von unten durchgesetzt werden. Maßnahmen von oben und Druck von unten einander als Alternativen gegenüberzustellen, ist da wenig hilfreich. Insofern ist auch die Parole „Weniger Moral, mehr Politik!“[44], die kürzlich von Bernd Ulrich in der *ZEIT* ausgerufen wurde, irreführend. Angesichts einer gegenwärtigen „Übermacht des Moralischen“ forderte der liberale Meinungsmacher und einstige GWR-Autor[45] Ulrich mehr Verbote und gesetzgeberische Maßnahmen und weniger moralisierende Reden. Irreführend ist diese Gegenüberstellung deshalb, weil die Moral als Anspruch an gutes Verhalten und die Politik, selbst wenn man sie eng definiert und als institutionalisierte Regulierung beschreibt, nicht unabhängig voneinander existieren. Politik fängt schließlich nicht erst im Parlament an, sondern eben im Alltag - und damit auch bei Fragen moralischen Handelns.

In den frühen 1990er Jahren mussten wir manchmal aus Restaurants wieder rausgehen, weil es nichts Vegetarisches gab („Nein, da ist kein Fleisch im Salat, nur Schinken!“). Wir nahmen für unsere neue Lebensweise - zugegeben sehr kleine - Einschränkungen hin. An größere werden wir uns gewöhnen müssen, wenn die Klimakatastrophe und die Ausweitung der globalen sozialen Ungleichheit noch aufgehalten werden sollen. Und das sollen sie.

---

44 Bernd Ulrich: „Weniger Moral, mehr Politik!“ In: *Die Zeit*, 6. September 2018, S. 4.

45 Vgl. Lou Marin: „Der Kotau vor Staat und Krieg! Schreibtischtäter, Europakrieger und Weltgewaltmonopolist: Bernd Ulrich“, in: *graswurzelrevolution*, Nr. 364, Dezember 2011, https://www.graswurzel.net/gwr/2011/12/der-kotau-vor-staat-und-krieg/

9 Privatisierung

Schwarzfahren[46] oder Jahresticket?

Auf dem Weg von Düsseldorf nach Köln schlossen wir uns im ICE auf dem Klo ein und hofften, dass der Schaffner nicht an die Tür pochte. In der S-Bahn saßen in der Mitte des Wagens und schafften es zwischen den von beiden Seiten kommenden Kontrolleuren (meistens) noch bis zur nächsten Station. Das Fahren ohne Fahrkarte gehörte zum Lebensstil wie die langen Haare, das Blaumachen von Mathestunden und die Kriegsdienstverweigerung. Wer der Bundesbahn schadet, trifft indirekt auch den Staat, dem sie gehört und überhaupt sollte der öffentliche Nahverkehr gratis sein. Das war vor dreißig Jahren.

So verwegen und subversiv, wie wir uns damals bei der unbezahlten Verkehrsteilnahme vorkamen, erscheint einem heute fast der Kauf einer Jahreskarte für eine der noch nicht privatisierten Bahnbetriebe. Denn zwischen 1988 und 2018 liegt die „neoliberale Offensive" (Pierre Bourdieu). Zwecks auferlegter Haushaltsanierung haben Staat und Städte ihre steuerfinanzierten Betriebe verhökert, Public Private Partnerships haben die Kommunen in die Logik der Profitmaximierung getrieben. Sie geben

46 Die Benutzung des Wortes Schwarzfahren wurde im Sommer 2021 von der Initiative Schwarzer Menschen in Deutschland (ISD) kritisiert, weil es rassistische Konnotationen beinhalte. Auch wenn es vermutlich vom jiddischen Wort svarts stammt, das arm bedeutet, sich auf illegale Tätigkeiten bezieht und nicht auf die Diffamierung von Menschen abzielte, weckt es im alltäglichen Sprachgebrauch doch negative Assoziationen. Da diese Debatte nach Erscheinen der Glosse stattfand und da es Jahrzehnte lang Teil der Umgangssprache war, wird es hier einmal sozusagen dokumentarisch erwähnt, im Verlauf des Textes aber durch das Fahren ohne Fahrkarte ersetzt.

den Takt der Straßenbahnen vor. Privatisierungen sind seit rund drei Jahrzehnte das staatspolitische Gebot der Stunde (auch „notwendige Reformen“ genannt).
Sicherlich war (und ist) es eine ideologische Behauptung, dass der Staat das Gemeinwohl repräsentiert. Das haben wir Anarchist*innen schon immer gesagt. Nur Selbstverwaltung und freie Assoziation können das Gemeinwohl entstehen lassen und schützen, so viel war klar. Um das auch praktisch offenzulegen, agierten wir wie Schmalspurguerilleros und ließen zum Beispiel keine Klozugfahrt aus.
Dann aber wurde die Ideologie des Sozialstaats von der anderen Seite aus angegriffen - und gründlich zerstört. Dass der Staat zu nichts nütze sei als den Marktkräften ihr freies Schalten und Walten polizeilich zu garantieren, glauben seit der Krise von 2008 vielleicht nicht mehr so viele wie in den Jahren zuvor. Das politische Tagesgeschehen richtet sich dennoch nach diesem Credo. Die Linke, auch die kleine radikale, kämpft vor allem um Schadenbegrenzung. Gegen Kürzungen im Sozial- und Bildungsbereich, gegen die Verschärfung der Asylgesetzgebung, gegen die Flexibilisierung des Arbeitsmarktes - das sind notwendige Kämpfe gegen die neoliberale Offensive. Aber eine libertäre Antwort auf die Privatisierungen sind sie nicht.
Im Anarchismus wird der Staat im Wesentlichen als Repressionsapparat und als Werkzeug des Kapitals betrachtet. Der Staat sei „nichts anderes“, schrieb Bakunin, „als die Garantie aller Ausbeutungen zum Nutzen einer kleinen Zahl glücklicher Privilegierter und zum Schaden der Volksmassen.“[47] Dass sich im Staat tatsächlich auch Kräfte verdichten, die das Gemeinwohl verteidigen, wurde nicht gesehen (oder zwar gesehen, aber konzeptionell nicht zugelassen). Und Nicos Poulantzas, der marxistische

47 Michael Bakunin: „Drei Vorträge vor den Arbeitern des Tals von St. Imier im Schweizer Jura, Mai 1871“. In: ders.: *Staat, Erziehung, Revolution. Ausgewählte Texte (1869-1871).* Lich/ Hessen: Edition AV 2015, S. 351-401, hier S. 360.

Staatstheoretiker, der den Gedanken von der „Verdichtung eines Kräfteverhältnisses“[48] theoretisierte, wurde 1988 auch von Anarchist*innen nicht in der S-Bahn gelesen.
Es gibt also auch Kräfte im Staat, die die Effekte der Lohnsklaverei abschwächen, die sich für Erhalt und Ausbau günstigen Wohnraums einsetzen und die Monsanto die globale Anwendung der Gentechnik verbieten. Ist es angesichts von Deregulierungen und forcierter Klimakatastrophe nicht fahrlässig oder gar zynisch, diese Kräfte nicht zu unterstützen? Muss angesichts der Gewalt der transnationalen Konzerne, ihrem Einfluss auf die Gesetzgebung und ihrer Prägung des Alltags nicht auch auf institutionelle Regeln gesetzt werden? Um emanzipatorische Errungenschaften - die sich zum Teil auch im Staat ablagern - zu bewahren? Eben doch Jahreskarte statt Fahren ohne Fahrausweis?
Sicherlich ist die institutionalisierte Linke mit ihrem Fokus auf staatlich organisierte Regulierung misstrauisch zu beäugen, wie ein paar ökonomisch versierte Genossen es 2012 formulierten, wenn wir „andere Welten und nicht reformierte Versionen der existierenden Ordnung“[49] wünschen. Dieser Aufruf zur Vorsicht vor der Partei- oder Staatslinken ist wohl so alt wie der Anarchismus selbst. Anarchist*innen müssen sich aber auch den Veränderungen stellen, die in der neoliberalen Globalisierung für das soziale und politische Gefüge entstanden sind. In den gegenwärtigen Kräfteverhältnissen, in denen die neoliberale und nationalistische Rechte den Alltagsverstand vieler Menschen prägt, ist die Abgrenzung von linken Parteien und Gewerkschaften weniger entscheidend. Viel wichtiger erscheint es, wie die Politikwissenschaftlerin Ruth Kinna es aus anarchistischer Sicht im selben Buch über Anarchismus und Ökonomie

48 Nicos Poulantzas: *Staatstheorie. Politischer Überbau, Ideologie, Autoritärer Etatismus.* [1977]. Hamburg: VSA 2002, S. 154ff.

49 Deric Shannon, Anthony J. Nocella, II., John Asimakopoulos: „Anarchist Economics: A Holistic View.“ In: Dies. (Hg.): *The Accumulation of Freedom. Writings on Economics.* Oakland, CA/ Edinburgh: AK Press 2012, S. 11-39, hier S. 24 (Übers. O.L.)

schreibt, „einen Weg zu finden, ökonomisches Verhalten zu regulieren ohne sich auf die Zwangsmittel des Staates verlassen zu müssen."[50]

Denn, um das nur noch einmal klar zu sagen, weniger Staat darf nicht heißen: mehr Privatisierung. Im Gegenteil: Die Zielvorgabe, den Staat abzuschaffen, hat aus anarchistischer Sicht immer bedeutet, Macht zu verteilen und basisdemokratisch zu regulieren. Zu vergesellschaften und nicht zu privatisieren.

---

50 Ruth Kinna: „Preface". In: Shannon/ Ncella, II./ Asimakopoulos (Hg.) 2012, S.5-10, hier S. 9.

11 Praxis

Aufstand oder Aufstrich?

Den Brotaufstrich machen wir selbst, das Brot dazu ebenfalls, wir teilen ein Konto, ein Auto und viele Abos linker Zeitschriften. Den Männern wird die Redezeit beschnitten und die Bedeutung des Flusensiebs in der Waschmaschine erläutert. Das alles spielt in der Wohnküche unserer Wohngemeinschaft im Zentrum des Dorfes. Und warum? Weil wir einen Anspruch an unser Leben haben, einen gemeinsamen Anspruch. Einige nennen diese Haltung anarchistisch. Das bedeutet, wir treffen uns nicht nur in linken Lesezirkeln und auf Demos, sondern wir setzen die Überzeugungen auch im Alltag um. Oder versuchen es zumindest. Das war in den 1990er Jahren. Aber das Primat der Praxis - gegenüber der Theorie, dem Denken, der Konzeption - ist ein Kern fast aller anarchistischen Ansätze, auch heute noch. Die herrschaftslose Gesellschaft soll im Prinzip schon im Hier und Jetzt vorweggenommen werden. Das erfordert persönlichen Einsatz. Begeistert von deren Aufstrich und Ernsthaftigkeit schreibt die Schriftstellerin Stefanie Sargnagel nach ihrem Besuch bei einem anarchistischen Sommercamp über die Anarchos: „Sie sind so lieb, aber so streng.“[51] Das Strenge rührt daher, dass die Umsetzung im Hier und Jetzt in einer total verherrschafteten Welt selbstverständlich alles andere als einfach ist. Anstrengend. Die Strenge ist dem Versuch geschuldet, möglichst wenig falsch zu machen, möglichst wenig Kompromisse einzugehen.

---

51 Stefanie Sargnagel: *Statusmeldungen*. Reinbek bei Hamburg: Rowohlt Verlag 2017, S. 205.

Aber politische Praxis ist immer kontaminiert. So klug sie auch geplant, so aufrichtig sie auch durchgeführt wird, jeder Einkauf, jede Sozialversicherungsabgabe, jede Weihnachtsfeier mit den Eltern ist ein Kompromiss. Praxis kann da nur widersprüchlich sein, inkonsequent, kompromisslerisch.

Das muss keine deprimierende Erkenntnis sein. Denn auch aus Widersprüchen entsteht Konstruktives, auch Kompromisse können Emanzipation befördern. Aber erkennen sollte man es schon. Auch AnarchistInnen sollten zur Kenntnis nehmen, dass es unter kapitalistisch-heteronormativen Verhältnissen kein pur anarchistisches Verhalten gibt.[52] Es ist nicht nur praktisch kaum zu verwirklichen, auch theoretisch ist die Vision einer Reinheit des Tuns abzulehnen! Denn die gängelt mehr als sie befreit. Das ist ein postanarchistisches Argument.

Andere Anarchismen teilen es nicht. So etwa der wieder in Mode kommende insurrektionalistische Anarchismus. Insurrektion bedeutet Aufstand und der soll, geht es nach Alfredo M. Bonanno, ohne Kompromisse und sogar bewaffnet durchgeführt werden. Bonanno hat seit den 1990er Jahren einige Bücher verfasst, die jetzt in der Reihe Konterband Editionen („Neue Beiträge für eine anarchistische Revolution") in Zürich auch auf Deutsch veröffentlicht werden. Darin erklärt er unter anderem die Grundprinzipien des insurrektionalistischen Anarchismus': Konfliktualität, Selbstverwaltung und Angriff. Der Konflikt soll gegenüber allen Dingen und Personen gesucht werden, die die Klassenherrschaft aufrechterhalten. Unter Angriff wird „die Verweigerung jeglicher Abmachung, Vermittlungen, Befriedigung und Kompromiss mit dem Klassenfeind" verstanden.[53] Da fragt man sich, in welcher Welt Bonanno lebt.

52 Verhalten, Handeln, Praxis und Tun werden hier gleichbedeutend benutzt, wohl wissend, dass es eine soziologische Diskussion um deren Verschiedenheit gibt. Aber dies ist eine Glosse und keine soziologische Abhandlung.

53 Alle Zitate stammen aus der Online-Fassung von Alfredo M. Bonanno: *Das aufständische Projekt* (1995), die Rechtschreibung wurde

Denn in den westlichen Gegenwartsgesellschaften ist der Klassenfeind doch recht häufig nicht so leicht zu erkennen. Wo fängt er an, wo hört er auf? Außerdem wird er wohl begleitet vom komplexen Geflecht namens Sexismus, nicht zu vergessen die verschiedenen Formen und Konjunkturen rassistischer Herrschaft. Klasse ist nicht alles, wenn es um Herrschaft geht.

Wenn es weiter heißt, das Aktionsfeld des insurrektionalistischen Anarchismus bestünde in den „Massenkämpfen", muss man sich wohl auch fragen, wo diese Massen sind und für was sie - bei gegenwärtig zwischen 30 und 60 Prozent Zustimmung zu ultrarechten Positionen - eigentlich kämpfen. Kurz, der Insurrektionalismus konzipiert die Herrschaft, gegen die er den Aufstand machen will, doch äußerst simpel: Der Klassenfeind herrscht, die Massen werden unterdrückt. Dass es seit Étienne de la Boetié (1530-1563) auch eine Debatte um das Mitmachen, Partizipieren und Kooperieren der Beherrschten gibt, um die „freiwillige Knechtschaft" (de la Boetié), wird ignoriert. All die Versuche, diese Formen der aktiven oder passiven Beteiligung in eine anarchistische Theorie der Herrschaft zu integrieren, werden in den Wind der aktivistischen Tat geschlagen.

Aber nicht nur die Analyse des Insurrektionalismus ist vereinfachend, weltfremd und falsch. Auch seine politischen Schlussfolgerungen sind es. Vielleicht lässt sich der „Affinitätsgruppe" noch etwas abgewinnen, die Bonanno vorschlägt, weil die Gewerkschaften - die anarchosyndikalistischen Kleingruppen der FAU mal ausgenommen - sich in den letzten Jahrzehnten nicht gerade als die Speerspitze der Revolution hervorgetan haben. Die Affinitätsgruppe beschreibt Bonanno als eingeschworenen kleinen Kreis von Genossinnen und Genossen, mit denen gemeinsam man eben zum „revolutionärem Handeln" schreitet. Aber wenn es darum geht, was dieses Handeln ausmachen soll, ist es

---

ausgebessert: http://www.abc-berlin.net/wp-content/uploads/hefte/Alfredo_Bonanno_-_Das_aufstaendische_Projekt.pdf

mit dem Abgewinnen schnell vorbei. Bonanno schreibt: „Der soziale bewaffnete Aufstand ist der einzige Weg, der zum Ziel der sozialen Befreiung führt: die Schöpfung der Anarchie.“ Was soll man dazu sagen, es ist grotesk. Als könnte Gewalt je eine gute (ethische) Vorwegnahme der erstrebten gesellschaftlichen Ordnung bieten; als könnte Gewaltanwendung je Argumenten, Streiks, Blockaden, Besetzungen etc. als (politisches) Mittel überlegen sein; als könnte heute von irgendjemandem (strategisch) erreicht werden, was seinerzeit nicht einmal Che Guevara mit Charisma und bewegungskonjunkturellem Rückenwind gelungen ist, nämlich „die Massen“ mit Gewalt für emanzipatorische Veränderungen gewinnen! Ethisch, politisch, strategisch - es gibt keine Ebene, auf der Bonannos insurrektionalistischer Vorschlag, der kein Vorschlag sondern ein Imperativ ist, diskutabel wäre.

Klar, die Investoren und die Hedge-Fonds-Manager verdienen unseren Abscheu und meinetwegen auch unseren Hass. Ebenso wie die Harvey Weinsteins und die Steve Bannons dieser Welt. Sie verschärfen soziale Ungleichheit, diskriminieren, entwürdigen, beuten aus. Sie bringen wissentlich Leid und Elend in die Welt.

Gegen sie und die Strukturen, die sie hervorbringen, brauchen wir Strategien und Bündnisse. Die erfordern eine differenzierte Herrschaftsanalyse und das praktische Eingeständnis, dass es ohne Kompromisse nicht geht. Sie erfordern auch eine eindeutig emanzipatorische Massenbewegung, wenn den Herrschenden Zugeständnisse abgerungen werden sollen oder sogar Diktaturen gestürzt werden sollen, wie im Mai in Armenien praktisch geschehen. Für solche Bündnisse und Strategien ist das insurrektionalistische Sektierertum nur hinderlich.

Aber wahrscheinlich sind die meisten Anarchas und Anarchos heute doch ohnehin eher so, wie Stefanie Sargnagel sie beim Sommercamp kennengelernt hat: „Sie sind eigentlich insgesamt sehr vital und kräftig, weniger

Suffpunks. Sie stehen relativ früh auf und machen irgendwas mit ihren Muskeln, Boxen üben oder Parcours, und dann diskutieren sie stundenlang über eine gerechte Welt und ihre PHDs und so was und bauen eine Dusche aus Holz."[54]

54 Sargnagel, a.a.O.

11 Minderheiten

Volksmassen oder diskursive Effekte?

Es wäre wieder mal geschichtsvergessen davon auszugehen, Identitätspolitik sei erst seit der Wahl Donald Trumps so ein heiß diskutiertes Thema in der Linken. Oder mit Didier Eribons *Rückkehr nach Reims* (2016). Oder jetzt mit Francis Fukuyamas *Identität. Wie der Verlust der Würde unsere Demokratie gefährdet* (2018). Im Grunde ist das Thema so alt wie die Linke selbst, inklusive Anarchismus. Sogenannte Minderheiten fordern ihre Rechte, fordern Teilhabe, klagen Mitgenanntsein ein - und nicht nur Mitgemeintsein. Damit stellen sie den Alleinvertretungsanspruch einer dominanten Gruppe infrage. Bei solchen Dominanzgruppen handelt es sich um solche, die gar nicht als eine Gruppe unter vielen wahrgenommen werden (am wenigsten von den Gruppenmitgliedern selbst): Männer, die für die Menschheit stehen, Arbeiter, die alle Ausgebeuteten repräsentieren. Identitätspolitik zweifelt also, wenn sie von links kommt, Repräsentationsansprüche an. Und sie klagt Auslassungen ein.

Gegen Stellvertretung und gegen Ausgrenzung zu sein, das klingt beides durchaus kompatibel mit anarchistischen Haltungen. Dennoch sind Minderheiten und ihre Identitätspolitiken nicht gerade ein Steckenpferd des Anarchismus. In seinem vieldiskutierten Manifest *Temporäre Autonome Zone* stellt der Anarcho-Taoist Hakim Bey beispielsweise fest: „Die heutige anarchistische ‚Bewegung' kennt in ihren Reihen praktisch keine Schwarzen, Hispanics, Native Americans oder Kinder ... obwohl diese wirklich unterdrückten Gruppen von jeglicher antiautoritären Revolte *theoretisch* das meiste zu erwarten haben. Könnte es sein", fragt Bey weiter, „daß der AnarchISMUS kein konkretes Programm zu bieten hat, mit dem die Erniedrigten und Beleidigten ihre Bedürfnisse & Wünsche durchsetzen (oder zumindest realistisch für deren Durchsetzung kämpfen) können?"[55] Das Buch erschien 1994 auf Deutsch, der Teil des Manifests, aus dem das Zitat stammt, ist aus dem Jahr 1987.

Viel hat sich wohl nicht getan in den letzten dreißig Jahren. Die Kinder türkischer „GastarbeiterInnen", Schwarze und People of Color oder queer-feministische Frauen* haben sich nur selten unter der schwarzen Fahne des Anarchismus organisiert. Das liegt einerseits ganz praktisch am konkreten Programm, dessen Fehlen Bey schon moniert. Das liegt andererseits aber auch daran, dass der traditionelle Anarchismus kein theoretisches Gespür für Minderheiten hat. Im Gros des Anarchismus wird universalistisch gedacht, partikulare Erfahrungen und kulturelle Differenzen spielen kaum eine Rolle. Auf der einen Seite steht da der Staat als „Garantie aller Ausbeutungen zum Nutzen einer kleinen Zahl glücklicher Privilegierter"[56], schreibt Bakunin. Auf der anderen Seite die „Volksmassen", die den Schaden haben. Dass unter den Volksmassen weiße Menschen eher an Privilegien beteiligt werden als Schwarze, Männer bessere Chancen im Berufsleben haben als Frauen, Erwachsenen mehr Gehör zukommt als Kindern usw. wird nicht berücksichtigt. Verschiedene Teile der „Volksmassen" werden aber sehr unterschiedlich unterdrückt, ausgebeutet und diskriminiert. Frauen anders als Männer, Schwarze Frauen anders als weiße Frauen usw. Diese verschiedenen Ausbeutungs- und Diskriminierungsformen beruhen auf kulturellen Differenzen: Merkmale, die eine Geschlechtszugehörigkeit

55 Hakim Bey: *T.A.Z. - Die Temporäre Autonome Zone*. Berlin/ Amsterdam: Edition ID-Archiv 1994, S. 72

56 Michael Bakunin: „Drei Vorträge vor den Arbeitern des Tals von St.-Imier im Schweizer Jura, Mai 1871." In: Ders.: *Staat, Erziehung. Revolution. Ausgewählte Texte* (1869-1871). Lich: Verlag Edition AV 2015, S. 351-401, hier S. 360.

anzeigen oder solche, die Gruppen ethnisch voneinander unterscheiden, führen dazu, dass Menschen in Gruppen eingeteilt und je nach Einteilung sehr verschieden behandelt werden. Kulturell sind diese Differenzen insofern sie nichts mit Natur zu tun haben, sondern Ergebnis und Effekt von kollektiver Wahrnehmung (eben der Einteilung) sind. Kollektive Identität ist immer ein „*Effekt* diskursiver Praktiken"[57], wie Judith Butler es nannte.

An diesen Unterschieden jedenfalls sollte auch der Kampf gegen Ausbeutung und soziale Ungleichheit ansetzen. Das meinen Feministinnen seit rund 150 Jahren und auch in anderen sozialen Bewegungen seit den 1960ern ist darauf bestanden worden. Im Anarchismus hat man diese Debatten weitgehend verpennt. Dabei war es schon im Kontext der Spanischen Revolution 1936, die für AnarchistInnen ja zu Recht ein wichtiger Bezugspunkt ist, zu Verwerfungen gekommen, weil die Genossen (in männlicher Schreibweise) sich auf dem Differenzauge blind gestellt haben. Die später anarchafeministisch genannte Organisation der Anarchistinnen, *Mujeres Libres* (Freie Frauen), wäre wohl ohne Machotum und Sexismus in der eigenen Bewegung gar nicht entstanden. Darauf hat zuletzt Martin Baxmeyer in der schönen Biographie einer ihrer Gründerinnen, Amparo Poch y Gascón, noch einmal hingewiesen. Gründung und politisches Selbstverständnis der *Mujeres Libres* blieben unverstanden, so Baxmeyer, „wenn man sie nicht als Reaktion auf den Widerspruch zwischen Möglichkeit und Wirklichkeit innerhalb der anarchistischen Bewegung Spaniens begreift."[58] Die Möglichkeit war die Befreiung aller, die Wirklichkeit das Belächeln, das

57 Judith Butler: *Das Unbehagen der Geschlechter*. Frankfurt am Main: Suhrkamp Verlag 1991, S. 39.

58 Martin Baxmeyer: *Amparo Poch y Gascón. Biographie und Erzählungen aus der spanischen Revolution*. Heidelberg: Verlag Graswurzelrevolution, S. 54.

Ausbeuten, das Reduzieren der Frauen aufs Kochen und Pflegen selbst innerhalb der Bewegung.
So produzieren alle Formen der Vergesellschaftung ihre strukturellen Minderheiten. Und dabei geht es nicht um ein paar Leute, die unterm Strich der Revolution zu vernachlässigen wären. Das Wort Minderheit sollte selbstverständlich quantitativ *und* qualitativ gelesen werden. Quantitativ ist klar: die, die weniger sind (Schwarze in den USA im Vergleich zu Leuten, die als weiß gelten). Qualitativ: Diejenigen, die weniger gelten, die weniger Möglichkeiten haben, die als weniger Wert erachtet werden (Schwarze in Südafrika, Arme in der Welt). Identitätspolitik als Minderheitenpolitik kann dann auch eine Politik sein, die für die zahlenmäßig allergrößte Mehrheit gemacht wird. Aber trotzdem: Wie groß auch immer, nie umfassen die Gemeinten alle und jeden, nie haben alle die gleichen Diskriminierungs-, Ausbeutungs- und Unterdrückungserfahrungen. Auf diese vermeintlich gleichen Erfahrungen setzt aber der traditionelle Anarchismus von Bakunin seine Revolutionshoffnung. (Und selbst Hakim Bey hofft auf eine „Lebenskunst des fortgesetzten Aufbegehrens“[59] aller.)
An die Gleichheit in der Erfahrung zu appellieren, ist aber, wenn soziale Gleichheit erkämpft werden soll, ein Holzweg. Die Unterschiede müssen, auch wenn es paradox erscheint, erkannt und zum Ausgangspunkt genommen werden, um von ihnen aus solidarische Bezugnahmen zu ermöglichen.

59 Hakim Bey, a.a.O., S. 150.

12 Pop

Bobo on the Corner oder Sabotage?

Populär war der Anarchismus wohl seit den 1930er Jahren in Spanien nicht mehr. In den popularen Klassen verankert ebenfalls kaum. Das Populare (ohne Umlaut) wird vom Populären abgegrenzt, um die wirklichen Interessen der sozialstrukturell „unteren" Klassen zu betonen: Popular - vom Lateinischen populus, das Volk - ist das, was das „einfache Volk" betrifft, populär hingegen das, was große Zustimmung erfährt. Popmusik und Popkultur bewegen sich in der Regel zwischen beidem. Aber weil der Pop nicht notwendigerweise Ausdrucksform der Arbeiter*innenklasse ist, wurde er nicht allzu oft zu einer anarchistischen Angelegenheit. Denn Pop ist immer auch kommerziell. Pop schielt und zielt auf Massengeschmack. Pop braucht den Knalleffekt und keine basisdemokratischen Diskussionen.

Und trotzdem. Die Geschichte der Popmusik ist voll von Versuchen, anarchistisch geentert zu werden. Einerseits gibt es eine ganze Reihe von Bands mit anarchistischem Anspruch - wie etwa Cochise und CRASS und Chumbawamba u.v.a. -, deren Geschichte gesondert geschrieben werden müsste. Andererseits tauchen aber auch Spuren anarchistischer Ideen wesentlich unauffälliger auf: in der Art und Weise, Konzerte zu organisieren, in einzelnen Textzeilen oder auch in Bandnamen.

Passend zum Weihnachtsgeschäft 2018 erschien das *Beastie Boys Book*. Darin erfahren wir, dass der Bandname eigentlich ein Akronym ist und „Boys (and a Girl) Entering Anarchistic States Toward Inner Excellence" bedeutet. Wir erfahren auch, dass das Girl (Kate Schellenbach) vom Manager aus der Band gedrängt wird, als der Erfolg beginnt - rappende Frauen erschienen Anfang der 1980er Jahre offenbar noch untragbar. Wir erfahren auch, dass die Beastie Boys zu Beginn eine Hardcore-Band waren, denen The Clash schon zu abgehoben und von oben herab Musik machten. Auch wenn sie selbst von sich sagen, keine politische Agenda verfolgt zu haben und der Bandname im Grunde nicht viel Sinn ergibt, sind mit Black Flag und den Bad Brains doch die Politfraktion des frühen Ostküstenhardcore ihre Helden. Als HipHop dann aus den Schwarzen Vierteln New Yorks migriert und Downtown erreicht, ist es um die Jungs geschehen. Berühmt werden sie Mitte der 1980er Jahre mit einem pubertären Partybrüller („Fight for your right to Party!"), aber schließlich macht die anspruchsvolle Verarbeitung der Popmusikgeschichte in ihren gerappten und gemixten Samples sie zu einer der wichtigsten Bands der 1990er Jahre. „Alle drei Beasties unterstützten die Frauenbewegung"[60] erfahren wir auch (von Schellenbach), und dass aus den Kindern, die sich „wie Aschlöcher" (Schellenbach) verhielten, trotz Popruhm schließlich angenehme Zeitgenossen wurden.

Aber Pop hat schon seit Mitte der 1990er Jahre seine soziale Rolle und Funktion gewandelt: Der Poptheoretiker Diedrich Diederichsen hatte Anfang der 90er schon festgestellt, dass Popkultur keineswegs mehr automatisch links und der Songtitel von The Who „The Kids Are Allright" keine angemessene Beschreibung mehr sei. Innerhalb der damals sogenannten Poplinken wurde außerdem konstatiert, dass es einen „Mainstream der Minderheiten" (Tom Holert/ Mark Terkessidis) gebe, dass also auch die großen Plattenfirmen und die bekanntesten Bands sich als Ausgeschlossene präsentieren. Ihre speziellen

60 Kate Schellenbach: „The Girl in the Band, oder: Ihr und euer aufgeblasener Penis könnt mich mal." In: Michael Diamond/ Adam Horowitz (Hg.): *Beastie Boys Book.* München: Wilhelm Heyne Verlag 2018, S. 346-349, hier S. 349.

Differenzmarken waren nur noch Marketing, nicht mehr Ausdruck revoltierenden Begehrens. Wahrscheinlich ist es seitdem nicht besser geworden.
Und trotzdem ist der Glaube daran, dass Menschen über Musikerfahrungen (Texte wie Tanzschweiß) auf andere Gedanken kommen und sich eine bessere Welt herbeisehnen ziemlich schwer abzulegen - zumindest für einen pop- und subkulturaffinen Linken mit Schule-Studium-Stadt-Sozialisation in den 1980er und 90er Jahren. Wie viele meiner Freundinnen und Freunde sind auf Konzerten oder über Platten und das ganze Drumherum politisiert worden?! Sehr viele! Auch für die 1980er und 1990er galt noch, das Pop - inklusive Punk und HipHop - immer wieder Modelle bot für alternatives Denken und Handeln. Sicherlich, im Pop geht es immer auch um Geld und um Aufmerksamkeit. Es gibt zwar Unterschiede, die immens sind und das selbstorganisierte Konzert im Jugendzentrum hat mit dem Stadionrock vielleicht nicht mehr gemeinsam als das Kicken im Spielplatz-Sportkäfig mit der Bundesliga. Dennoch ist Pop mal mehr mal weniger widersprüchlich, mal mehr mal weniger kapitalistisch kontaminiert. Also nichts für anarchistische Reinheitsphantasien. Insofern ist Pop auch eher ein postanarchistisches Terrain. Es wird gar nicht mehr davon ausgegangen, dass es rein anarchistisches Handeln in einer Welt voller Herrschaft geben kann, sondern strategisch versucht, Herrschaftskritik an Orten zu formulieren, an denen sie nicht erwartet wird. In Popsongs etwa. In Bandnamen. Auf Partys. Pop ist ein Kampfplatz für Auseinandersetzungen. Nicht nur um die Bedeutung von Moves und Styles, auch um Politik. Als Kampfplatz sollte Pop auch nicht aufgegeben werden. Auch wenn mit der Zeitschrift *SPEX* jetzt Anfang des Jahres 2018 das Zentralorgan dieses Anspruches, Pop als Feld diskursiver Auseinandersetzung zu begreifen, genau das getan hat, aufgeben (nach 38 Jahren!).

Zwei Titel auf der großartigen Platte „Ill Communication“ (1994) von den Beastie Boys können vielleicht die verschiedenen Pole beschreiben, zwischen denen sich eine Intervention in den Popzirkus noch immer abspielt. Wohl gemerkt die Titel, nicht der Text oder die Musik: Einerseits „Bobo on the corner“, weil der Bobo, der metaphorisch gesprochen an der Ecke lauert, vielleicht den Inbegriff für den Niedergang des Pop von der Subversion zur Biomarkthintergrundmusik verkörpert. Auch wenn Bobo hier in Wirklichkeit noch nicht die Abkürzung für den Bourgeois Bohemian war, der mit Leistungsbereitschaft, Erbschaft und Popwissen zu den zentralen Gentrifizierungsagenten von heute wurde. Andererseits, auch wenn im Pop ihre Möglichkeiten begrenzt sind, aber weil sie ein im Anarchismus stets als Mittel in den Kämpfen um die „Verteilung der Güter“[61] (Elizabeth Gurley Flynn) und für solidarische Gesten propagiert wurde: „Sabotage“.

61 Elizabeth Gurley Flynn: „Sabotage“ (1915), In: https://anarchismus.at/ueber-den-tellerrand-blicken/die-wobblies/6722-elizabeth-gurley-flynn-sabotage

13 Ungehorsam

Dauerveranstaltung und Denkweisen

Schülerinnen und Schüler streiken freitags für ihre Zukunft. Sie setzen sich für den Erhalt der menschlichen Lebensbedingungen ein und fordern ein Handeln gegen die menschengemachte Klimakatastrophe. Man könnte meinen, dass sei auch für Politikerinnen und Politiker der Partei Bündnis 90/Die Grünen eine gute Nachricht. Immerhin hat die Partei eine Geschichte, in der ökologische Belange von verschiedenen sozialen Bewegungen politisiert wurden. Aber dem ist nicht so. Anfang April 2019 meldete sich Baden-Württembergs grüner Ministerpräsident Winfried Kretschmann in Springers *Die Welt* zu Wort und meinte, das könne „nicht ewig so weitergehen". Gemeint waren die „Fridays for Future"-Demos, nicht die Umweltzerstörung. Und dann erklärte er noch: „Ziviler Ungehorsam ist ein symbolischer Akt. Das kann keine Dauerveranstaltung sein."[62] Aus dieser Belehrung spricht nicht nur die sprichwörtliche Arroganz der Macht. Sie ist für einen Grünen-Politiker bemerkenswert, denn sie kann nur zweierlei bedeuten: Entweder der Herr Ministerpräsident kennt die Geschichte seiner eigenen Partei nicht. Oder er kennt sie und will sie verleugnen und am liebsten ungeschehen machen.

Deshalb eine kleine Belehrung mit umgekehrten Vorzeichen. Vor dem Einzug in den Bundestag 1983 und auch noch einige (wenige) Jahre danach standen nicht kleine Anfragen und große Ministerämter im Mittelpunkt des politischen Schaffens der damals noch sogenannten

62 Vgl. „Das kann nicht ewig so weitergehen", in: *Die Welt*, 03.04.2019, https://www.welt.de/politik/deutschland/article191245663/Fridays-for-Future-Gruener-Kretschmann-hat-genug-von-den-Schulstreiks.html

„Anti-Parteien-Partei", sondern gewaltfreie Aktionen, antimilitaristische Kampagnen, ziviler Ungehorsam. Dass es sich bei Aktionen zivilen Ungehorsams bloß um „symbolische" Praktiken handelt, hätte wohl - wenn man „symbolisch" nur im Sinne von „bloß angedeutet", „für etwas anderes stehend", „nicht real wirksam" versteht - der Großteil jener verneint, die sich als Aktivist*innen an solchen Praktiken beteiligt haben.

Vom Schriftsteller Henry David Thoreau inspiriert, richteten sich Aktionen zivilen Ungehorsam zunächst gegen staatliche Politiken, die nicht mitgetragen werden sollten: Thoreau weigerte sich, Steuern zu zahlen, weil er den Krieg der USA gegen Mexiko (1846-1848) und weil er die Sklaverei falsch fand und beides nicht unterstützen wollte. Diese Weigerung führte er in seinem Text „Über die Pflicht zum Ungehorsam gegen den Staat" aus. Respekt solle man nicht vor dem Gesetz haben, so Thoreau in seinem 1849 erstmals erschienenen Essay, „sondern vor der Gerechtigkeit"[63]. Ziviler Ungehorsam legte es in der Geschichte immer wieder darauf an, herrschende Verhältnisse nicht nur in Frage zu stellen, sondern auch ganz praktisch und ganz grundlegend zu verändern. Der soziale Ungehorsam im Indien der 1930er und 40er Jahre führte tatsächlich zur Beendigung des Kolonialismus und wies nicht nur „symbolisch" kurz auf ihn hin, um dann der Staatspolitik wieder die „realen" Veränderungen zu überlassen. Auch Rosa Parks setzte sich nicht auf den „weißen" Platz im Bus, um nur „symbolisch" auf Rassismus aufmerksam zu machen.

Sicher, es gab auch reformistische Anwendungen zivilen Ungehorsam. Wer in den Neuen Sozialen Bewegungen der bundesrepublikanischen 1970er und 80er Jahren an die revolutionäre Tradition zivilen Ungehorsams anknüpfte, sah

63 Henry David Thoreau: „Über die Pflicht zum Ungehorsam gegen den Staat". In: Ders.: *Über die Pflicht zum Ungehorsam gegen den Staat und andere Essays.* Zürich: Diogenes Verlag 1973, S. 7-35, hier S. 9.

sich, wie Lou Marin in einem sehr schönen Überblickstext schreibt, „mit reformistischen Neuinterpretationen des Zivilen Ungehorsams“[64] konfrontiert. Es gab jene Fraktion, die zivilen Ungehorsam bloß als dramatische Zuspitzung eines Konflikts verstanden wissen wollte. Aber selbst VertreterInnen dieses reformistischen Flügels wie etwa Theodor Ebert sahen zivilen Ungehorsam keineswegs auf die Beeinflussung von Wahlen als „eigentliche“ politische Aktion beschränkt. Der zivile Ungehorsam erziele seine Wirkung, schrieb Ebert Anfang der 1980er Jahre, nicht nur durch „das Erregen öffentlicher Aufmerksamkeit, sondern auch durch die Sympathie für die Widerstand Leistenden.“[65] Positive Bezugnahmen auf Widerstand waren angestrebt, langfristige Veränderungen von Denk- und Wahrnehmungsweisen waren das Ziel.

„Das kann keine Dauerveranstaltung sein“ meint jetzt Kretschmann, und das ist natürlich keine Beschreibung zivilen Ungehorsams, sondern der Versuch, ihn in seine Schranken zu weisen, also eine regulierende Festschreibung. Denn selbst aus der Geschichte der grün-alternativen Bewegung könnte zu lernen sein: Ziviler Ungehorsam muss eine Dauerveranstaltung sein! Denkweisen ändern sich schließlich nicht von heute auf morgen.

Mittlerweile sind die Diskussionen eigentlich längst weiter. Angemerkt wurde, dass das „Zivile“ des Ungehorsams problematisch ist, weil es einerseits noch in der Ablehnung die bürgerlich-demokratische Rechtsordnung stillschweigend als Norm setzt. Wie wichtig aber sind Gesetze noch in der Aufrechterhaltung der kapitalistischen Verhältnisse? Ist

64 Lou Marin: „Ein Jahrhundert des Revolutionären Zivilen Ungehorsams. Kurzer Abriss des aktivistischen Zivilen Ungehorsams aus gewaltfrei-anarchistischer Sicht." In: Jens Kastner und Elisabeth Bettina Spörr (Hg.): *nicht alles tun. Ziviler und sozialer Ungehorsam an den Schnittstellen von Kunst, radikaler Politik und Technologie*. Münster: Unrast Verlag 2008, S. 43-59, hier S. 52.

65 Theodor Ebert: *Ziviler Ungehorsam. Von der APO zur Friedensbewegung*. Waldkirch: Waldkircher Verlagsgesellschaft 1984, S. 267.

Herrschaft nicht längst in Fleisch und Blut übergegangen? Ist Herrschaft nicht „gouvernemental" geworden, wie Michel Foucault meinte, d.h. dadurch charakterisiert, dass die Menschen sich selbst führen statt geführt zu werden? Gegen wen oder was kann Ungehorsam da noch ein widerständiges Mittel sein? Andererseits ignoriert das „Zivile" des Ungehorsams die Klassendimension von Praxis. Ziviler Ungehorsam ist bürgerlicher Ungehorsam und blendet, so das Argument, die Risiken und Gefahren nicht-konformen, widerständigen Handelns für weniger abgesicherte und schlechter mit Ressourcen ausgestattete Menschen systematisch aus.[66] Beide Einwände ließen sich auch als postanarchistische Diskussionsbeiträge begreifen, weil sie die (im Anarchismus) lange geltenden Grundannahmen vom normierenden Staat und vom einheitlichen Subjekt des Widerstands in Frage stellen.

Und die Diskussion ging weiter. Schon im Rahmen der globalisierungskritischen Bewegung wurde von „sozialem Ungehorsam"[67] gesprochen, um die Beschränkung auf Recht und Gesetz zu vermeiden und nicht regelkonformes Verhalten auch im Alltag zu betonen. Und aus den Reihen der dekolonialistischen Theorie wird zudem ein „epistemischer Ungehorsam"[68] gefordert. Denn auch die Episteme - die Erkenntnis, das Wissen und das Wissbare - sind nicht neutral, sondern durch und durch von kolonialer Herrschaft und ihren Effekten geprägt.

Letztlich leistet auch die von der Schülerin Greta Thunberg initiierte Klimabewegung zivilen *und* epistemischen

---

66 Vgl. hierzu etwa Jens Kastner und Gerald Raunig: „Offensive Flucht statt Gesetzesbruch". In: Jens Kastner und Elisabeth Bettina Spörr (Hg.) 2008, a.a.O., S. 143-150.

67 Andrea Pabst: „Vom zivilen zum sozialen Ungehorsam und zurück?" In: *Bildpunkt. Zeitschrift der IG Bildende Kunst,* Nr. 11, Sommer 2008, http://www.igbildendekunst.at/bildpunkt/2008/nichtallestun/pabst.htm

68 Walter D. Mignolo: *Epistemischer Ungehorsam. Rhetorik der Moderne, Logik der Kolonialität und Grammatik der Dekolonialität.* Wien: Verlag Turia + Kant 2012.

Ungehorsam. Jugendliche gehen nicht zum Unterricht und auch wenn sie vielleicht noch nicht konsequent die kapitalistische Produktions- und imperialistische Lebensweise als Ursachen der Klimakatastrophe benennen: Sie stellen Grundlagen des Denkens in Frage. Ökonomisches Wachstum und die verwertungslogische Verfügungsgewalt über die natürlichen Ressourcen werden delegitimiert.

Dagegen macht der Staat jetzt mobil, auch in seiner grünen Version. Auch wenn aus postanarchistischer Sicht immer wieder hinterfragt wurde, ob der Staat wirklich das repressive, strafende, unterdrückerische Monster ist, als das er in weiten Teilen des Anarchismus gezeichnet wird, aufgegeben wurde der Blick auf die gewaltsamen Aspekte staatlicher sozialer Ordnung nie. So gilt es auch heute darauf hinzuweisen, dass zum Staat immer legitimierte (physische und symbolische) Gewalt gehört. Das führt uns der grüne Ministerpräsident eindrücklich vor Augen. In der *Welt* droht er den Schülerinnen und Schülern, die aus ihrem Protest eine „Dauerveranstaltung" machen wollen, nicht nur unverhohlen mit Sanktionen. Er meint auch die Reaktion auf die angedrohten Strafen noch regulieren zu können: „Wenn man sanktioniert wird, darf man nicht jammern", dekretiert er. Eben das darf man doch (und noch viel mehr), wenn man, wie Thoreau schon sagt, Gerechtigkeit und nicht das Gesetz zur Grundlage von Ungehorsam nimmt. Klimagerechtigkeit ist das Gebot der Stunde. Daran sollte mit Mitteln des radikalen, zivilen, sozialen und epistemischen Ungehorsams gemahnt werden, auch und gerade gegen die ordnungspolitische Verleugnung dieser Tradition und gegen die Verleugnung der Dringlichkeit ihrer Anliegen.

14 Zeichen

Schwarze Fahne und Semiotik

Die schwarze Fahne wird geschwenkt, stundenlang. Enthusiasmus und Erschöpfung, Leidenschaft und Lustlosigkeit wechseln sich ab. Aber es ist keine anarchistische Demonstration, um die es hier geht. Es ist nur Kunst. Für die Wiener Festwochen 2019 lässt die Performance-Künstlerin Ula Sickle über mehrere Stunden die Besucher*innen eine große schwarze Fahne hin und her bewegen. Im Begleittext zu der Performance, abgedruckt im Programmheft der Festwochen und auf der Homepage der kanadisch-polnischen Künstlerin wird die Fahne in Zusammenhang mit dem „Schwarzen Protest" für Frauenrechte in Polen gebracht, bei dem 2016 auch schwarze Fahnen gehisst und geschwenkt wurden.[69] Weiter heißt es in dem Text: „Die schwarze Fahne jedoch lässt sich nicht mit einem bestimmten Kampf in Verbindung bringen und widersetzt sich einer einfachen Interpretation."[70] Mit dem einen bestimmten Kampf hat die Autorin (Andrea Heinz) wohl recht, darauf lässt sich die schwarze Fahne nicht festlegen. Aber eine Bewegung ist doch ziemlich sicher mit diesem Zeichen zu assoziieren, nämlich der Anarchismus. Schon während der Pariser Kommune 1871 soll sie gehisst worden sein, die schwarze Fahne, die Truppen Nestor Machnovs galoppierten mit ihr durch die Ukraine und sie gehört zu den Revolten von 1968 wie die Mao-Bibel und die Che-Poster. Eine Einführung in Geschichte und Theorie des Anarchismus, die lange

69 Vgl. http://www.ulasickle.com/performances/relay/41/

70 Vgl. Ula Sickle, *Relay*, https://www.festwochen.at/programm/produktionen/detail/relay/

Zeit populär war und heute nur noch antiquarisch erhältlich ist, trug deshalb den Titel *Unter der schwarzen Fahne* (geschrieben von Justus F. Wittkopp). Von all dem wissen die Künstlerin und die Autorin des Begleittextes offenbar nichts. Das ist erstaunlich, weil doch die Kunst derjenige gesellschaftliche Bereich ist, in dem es professionell neben der Form auch um die Bedeutung von Zeichen geht. Und es ist vielsagend, weil offenbar selbst da die Geschichte des Anarchismus heute nicht mehr präsent ist. Ein Kampf um die Zeichen scheint verloren.

Was Dinge und Ereignisse bedeuten, ist nicht ein für alle Mal festgelegt. Wir müssen aber nicht Semiotiker*innen sein, die sich hauptamtlich mit Zeichen befassen, um zu verstehen, dass es von (politischer) Bedeutung ist, welche (kulturelle) Bedeutung die Zeichen haben.

Dass im Kunstfeld die schwarze Fahne nicht dem Anarchismus zugerechnet wird, kann als skurrile Geschichtsvergessenheit einzelner oder eines ganzen Milieus abgetan werden. Es deutet aber auch darauf hin, dass die Bedeutung des Zeichens „schwarze Fahne" im kollektiven Gedächtnis nicht mehr sehr verankert ist. Und das sollte uns interessieren, weil wir zwar nicht Semiotik-Freaks sind, aber doch Leute, die ein Interesse am kollektiven Gedächtnis haben. Wenn eine schwarz beflaggte Demo nur noch für einen Trauermarsch und nicht mehr für ein Statement für eine freie und gerechte Gesellschaft gehalten wird, haben wir ein politisches Kommunikationsproblem.

Denn was könnte und was sollte die schwarze Fahne bedeuten, was hat sie bedeutet? Sie ist die Verneinung aller Nationalfarben und damit aller Nationalfahnen. Im Gegensatz zur weißen Fahne steht sie statt für Kapitulation für den Kampf. Es gibt die schwarze Fahne bekanntlich auch sowohl geteilt - im Schwarz-Rot des Anarchosyndikalismus - als auch gepaart, nämlich mit anderen Fahnen der Befreiung, wie der Historiker Benedict Anderson es in Bezug auf antikoloniale Kämpfe beschrieben hat (*Under*

Three Flags. Anarchism and the anti-colonial Imagination, London/ New York: Verso 2005). Ihre Bedeutung lässt sich also nur aus der Beziehung erkennen, die ihr in Abgrenzung zu und im Verbund mit anderen Fahnen zukommt.[71]

Die Bedeutung steckt nicht wesenhaft in der Fahne selbst. Sie ergibt sich erst in der Beziehung der Zeichen - Fahne, Farbe - zu anderen Zeichen. Aus der Relation. Die Relationalität der Bedeutungen hervorzuheben ist einer der Einsätze poststrukturalistischer Theorie in den politischen Diskurs. Das ist nicht nur eine akademische Intervention, sondern, wie gesagt, auch politisch relevant. So hat etwa der Philosoph Andrew M. Koch die Nützlichkeit poststrukturalistischer Theorie für den Anarchismus betont. Er schreibt: „Der Kampf um Befreiung besteht aus politischem Widerstand gegenüber einem Prozess des semantischen und metaphorischen Reduktionismus, der den Interessen nach Kontrolle und Macht dient“.[72] Was semantisch und metaphorisch gültig ist und vermittelt wird, ist politisch nicht nebensächlich. Darauf hinzuweisen ist ein Verdienst poststrukturalistischer Theorie. Sie zeigt auf, wie Wissensproduktion und kulturelle Repräsentation in Macht- und Herrschaftsverhältnisse involviert sind. Dass die Bedeutung von Zeichen relevant und zugleich veränderbar ist, dass sie ein Instrument von Herrschaft ist und eines von Befreiung sein kann, das ist eine grundlegende Einsicht des Postanarchismus. Eine Konsequenz daraus kann der Versuch sein, sich der ganzen Zuordnung und Bedeutungsgebung ganz zu entziehen. Saul Newman etwa nennt genau das postanarchistisch: die anarchistische

---

71 Jason Wehling hat die Geschichte der schwarzen Fahne im Anarchismus nachgezeichnet, vgl. Jason Wehling: „*Anarchism and the History of the Black Flag*“ (1995), http://www.infoshop.org/anarchism-and-the-history-of-the-black-flag/

72 Andrew M. Koch: „Post- Structuralism and the Epistemological Basis of Anarchism“. In: Duane Rousselle und Süreyyya Evren (Hg.): *Post-Anarchism. A Reader*. London/ New York: Pluto Press/ Fernwood 2011, S. 23-40, hier S.39. [Übers. O.L.]

Kritik an der Repräsentation - das eine steht für das andere, die einen vertreten die anderen - soweit treiben, dass sie auf „eine Ablehnung, sichtbar und damit für eine bestimmte Identität repräsentierbar zu sein“[73] hinausläuft. Eine andere Konsequenz wäre - und die würde ich als nicht weniger postanarchistisch beschreiben -, sich in das Kampfgetümmel um die Zeichen zu stürzen und um die Verankerung jedes sichtbaren Hinweises auf anarchistische Geschichte und Politik zu bemühen.
Die schwarze Fahne ist selbstverständlich nur ein Beispiel. Es gibt viele andere. Wenn unter „alternative Medien“ heute nurmehr die Organe des ultrarechten Ressentiments subsumiert werden und nicht mehr die Geschichte feministischer, sozialistischer und libertärer Aufbrüche nach 1968 aufscheint oder wenn der 1. Mai nur noch als ordinärer Feiertag und nicht mehr als anarchistisch inspirierter Tag des Kampfes für die Entrechteten und Marginalisierten gelesen wird, steht Ähnliches auf dem Spiel: Der Kampf um die Bedeutung der Zeichen ist auch ein Kampf um die Zukunft emanzipatorischer, gesellschaftlicher Veränderungen! Denn die Interpretation von Zeichen motiviert auch das Handeln der Menschen.

73 Saul Newman: *Postanarchism*. Cambridge/ Malden, MA: Polity Press 2016, S. 33 [Übers. O.L.]

15 Institutionen

Bremsklötze oder Behälter emanzipatorischer Entwicklungen?

Eine wirklich demokratische Gesellschaftsordnung ist eine, die sich im permanenten Wandel befindet. Demokratie ist kein Zustand, sondern ein Prozess. Sie ist, wie der Philosoph Jacques Rancìere es formuliert hat, „nur der Konstanz ihrer eigenen Handlungen anvertraut“[74]. Das soll heißen, nur wenn die Menschen konstant, also ständig demokratisch handeln, gibt es Demokratie. Sie lässt sich nicht in Institutionen gießen und institutionell auf Dauer stellen, Demokratie ist Praxis. Rancière formuliert damit letztlich auch eine anarchistische Haltung. Gegen die Bestehende Ordnung, gegen Institutionen wie den kapitalistischen Markt, die bürgerliche Kleinfamilie und den bürgerlichen Rechtsstaat gibt es nur radikale Praxis. Ein sozialistischer Anarchismus wird, wie Gustav Landauer es 1909 als *Sozialistisches Beginnen* beschrieb, getragen von Leuten, „die auf Grund einer menschlich-guten, ehrenhaften, rücksichtsvollen Gesinnung vernünftig und zweckmäßig die gemeinsamen Angelegenheiten betreiben wollen“[75].

Selbst anarchistische Kritiker*innen der Demokratie - immerhin bedeutet das Griechische *demos* nicht nur Volk/Bevölkerung, sondern bedeutet *kratos* auch Herrschaft - halten ihr eine freie, gleiche und praktisch zu verwirklichende Grundausrichtung zugute. So definiert das

74 Jacques Rancière: *Der Hass der Demokratie.* Berlin: August Verlag 2011, S. 115.

75 Gustav Landauer: „Sozialistisches Beginnen“. [1909] In: Ders.: *Auch die Vergangenheit ist Zukunft. Essays zum Anarchismus.* Frankfurt am Main: Lichterhand Literaturverlag 1989, S. 104-109, hier S. 104.

CrimethInc.-Kollektiv in seinem aktuellen Buch *From Democracy to Freedom* Demokratie als das „Streben nach einer egalitären, inklusiven und partizipativen Form der Politik“[76]. Dass das mit der Wirklichkeit in den sogenannten demokratischen Staaten der Gegenwart recht wenig zu tun hat, ist augenfällig. Dieses Auseinanderklaffen von Behauptung und Realität ist von anarchistischer Seite auch immer wieder kritisiert worden.

Dennoch ist es an der Zeit, die Institutionskritik des Anarchismus zu überdenken! Denn es gibt zwei fundamentale Einwände (aus postanarchistischer Sicht) gegen die anarchistische Verwerfung von Institutionen.

Der erste Einwand richtet sich gegen eine einseitige Interpretation dessen, was Institutionen sind und ausmacht. Institutionen sind in der anarchistischen Tradition immer nur als Bremsklötze und Verhinderungen emanzipatorischer Entwicklungen gedacht worden, nie als deren Aufbewahrungsorte und Verstetigungen. Aber gerade jetzt, wo in Österreich der 12 Stunden-Arbeitstag wieder eingeführt wurde, wo in Brasilien und der Türkei linke soziale Bewegungen zu Terrororganisationen erklärt werden, wo die USA unter Trump als eine der ersten Amtshandlungen die finanzielle Unterstützung von Organisationen aufgekündigt haben, die sexuelle Aufklärung betreiben (und damit Millionen von Frauen das Selbstbestimmungsrecht auf ihre Körper entziehen) usw. usf., wäre es an der Zeit, die - auch staatlich - institutionalisierten Errungenschaften sozialer Bewegungen wertzuschätzen. In Institutionen verstetigen sich Praktiken, sie nehmen darin eine relativ beständige Form an. Diese Form tendiert sicherlich zu Verkrustung und Stillstand, aber sie ermöglicht es auch, dass einmal Erkämpftes zumindest nicht jeden Tag neu erkämpft werden muss.

---

76 CrimethInc.: *From Democracy to Freedom. Der Unterschied zwischen Regierung und Selbstbestimmung*. Münster: Unrast Verlag 2018, S. 9.

Der zweite postanarchistische Einwand gegen das traditionsanarchistische Verständnis von Institutionen betrifft die Praxis als Gegenmodell. Die Betonung der Praxis führt nämlich nicht selten zu voluntaristischen Politikmodellen: Es wird so getan, als sei Handeln bloß vom eigenen Willen abhängig und nicht auch von Sozialisation und aktuellen sozialen Einbindungen. Der freie Wille entscheidet dann über Gedeih und Verderb von individuellen Lebensläufen und kollektiven Anliegen. Institutionelle Förderungen werden als unnötig, gar hinderlich für die emanzipatorische Entwicklung angesehen. Diese traditionsanarchistische (und Ranciere'sche) Position geht von einer grundsätzlichen Gleichheit aller aus und damit auch von grundsätzlicher Chancengleichheit, die unterstützende Institutionen letztlich überflüssig macht. Rancière formuliert dieses Credo in seinem antipädagogischen Buch *Der unwissende Lehrmeister* mustergültig: „Die Methode der *Gleichheit* war zuallererst eine Methode des *Willens*. Man konnte, wenn man es wollte, allein und ohne erklärenden Lehrmeister durch die Spannung seines eigenen Begehrens oder durch den Zwang der Situation lernen."[77] Der Duktus dieser anti-institutionellen Haltung Rancières ist vom neoliberalen „fordern statt fördern" schließlich kaum mehr zu unterscheiden.

Hätte es keine (oft staatlichen) Stipendien und Förderprogramme, keine institutionellen Quotenregelungen und keine affirmative action-Programme für benachteiligte Minderheiten gegeben, der Anteil von Frauen und Menschen aus Arbeiter*innenfamilien in Universitäten und öffentlichen Einrichtungen wäre um einiges geringer, als er es ohnehin ist; Diskriminierungen und Ungleichheiten wären heute um einiges größer als sie es eh schon sind.

Das libertäre Argument gegen solche Programme lautet meist: Sie binden die Leute ein, die sonst aufstehen und

77 Jacques Rancière: *Der unwissende Lehrmeister. Fünf Lektionen über die intellektuelle Emanzipation.* Wien: Passagen Verlag 2007, S. 22.

aufbegehren würden. Aber das ist ein verelendungstheoretisches Argument und so untriftig und historisch unerfüllt geblieben wie eben jede Verelendungstheorie. Die Elenden begehren nicht auf, nur weil es ihnen elendig ergeht! Sonst müsste es tagtäglich Revolutionen geben. (Aufstände und Revolten finden statt, wenn Erwartungen nicht erfüllt werden, nicht wegen objektiver Notlagen.)

Diese postanarchistsche Position für Institutionalisierungen mag reformistisch erscheinen, aber sie reagiert vor allem auf eine fundamentale Illusion, die konstitutiv für den traditionellen Anarchismus ist: Die Illusion besteht darin zu glauben, dass die Bevölkerung von sich aus und in ihrer großen Mehrheit schon für Freihcit und Gleichheit votieren und eintreten würde und nur Institutionen, allen voran der Staat, sie (im Dienste der herrschenden Klassen) davon abhalten. Angesichts des gegenwärtigen Aufstiegs des rechten Nationalismus in Europa und den Amerikas büßt diese - schon immer fragliche - Grundannahme endgültig ihre Plausibilität ein. Auch nach der Kürzung der Mindestsicherung, der Streichung von Geldern für feministische Organisationen, der Verschärfung des Fremdenrechts und der Einführung des 12-Stunden-Tages genießt die österreichische Rechtsregierung aus ÖVP und FPÖ (2017-2019) die Unterstützung weiter Teile der Bevölkerung (unverändert rund 60 Prozent). Es gibt also, entgegen der traditionsanarchistischen Grundannahme, historische Situationen wie die gegenwärtige, in denen bestehende (auch staatliche) Institutionen emanzipatorische Errungenschaften vor der Mehrheit der Bevölkerung schützen und bewahren helfen.

Sicherlich hat das CrimethInc.-Kollektiv auch Recht, wenn es auf den aktuellen Aufstieg des rechten Nationalismus reagierend schreibt, dass überall „der Aufbau repressiver Regime und fremdenfeindlicher Nationalismus durch die Sprache der Demokratie und durch demokratische

Verfahren legitimiert wird."[78] Es ist kaum von der Hand zu weisen, dass das Wort Demokratie ein relativ leerer Signifikant ist, also mit allem möglichen gefüllt werden kann und wenig Substanz hat - wie im Übrigen auch die Worte Freiheit, Menschenrechte, u.v.a. Es lässt sich dann diskutieren, ob die Strategie sein muss, entweder die Demokratie mit neuem (radikalen) Inhalt zu füllen, wie Rancière es tut, oder sie als positiven Bezugspunkt fallen zu lassen, wie CrimethInc. es vorschlagen.

In dieser Hinsicht scheint Rancieres Vorschlag der plausiblere. Denn Begriffe sind schließlich immer umkämpft und müssen ständig mit Bedeutung aufgeladen werden. Warum sollte Demokratie diesbezüglich die weniger brauchbare Worthülse sein als Freiheit? Wer hat nicht alles den Begriff der Freiheit für sich in Anspruch genommen, den CrimethInc. stark machen wollen?

Es gilt allerdings, Rancieres Vorschlag der Neufüllung auch auf die Institution oder die Institutionalisierung selbst hin auszudehnen. Begriffe neu zu füllen heißt schließlich nicht unbedingt, bestehenden Institutionen neues Leben einzuhauchen. Es kann auch bedeuten, sich für neue, andere Institutionen stark zu machen. Rancière will die Demokratie radikal auf Praxis gründen. Aber ohne funktionierende institutionelle Fixpunkte - seien es nun Bildungswerkstätten, feministische Archive oder Redaktionen alternativer Zeitschriften, Veranstaltungshäuser wie der Mehringhof in Berlin oder das Amerlinghaus in Wien -, wären auch soziale Bewegungen kaum dauerhaft zu etablieren. Und selbst eine libertär-sozialistische Demokratie ist ohne institutionelle Arrangements wie Versammlungen und ohne Institutionen wie Veranstaltungsorte nicht zu denken. Bei aller Sympathie für die institutionskritischen, anti-institutionellen anarchistischen Praktiken von Dada bis Punk: Nicht zuletzt angesichts der Stärke der gegnerischen Netzwerke ist die radikale Ablehnung von Institutionen heutzutage der falsche Weg.

78 CrimethInc. 2018, a.a.O., S. 196.

16 Erinnerung

Melancholisch und antikapitalistisch

Ein nebliger Novembersamstag, lange Öffnungszeiten, plastikbetütete Massen auf dem Weg die Fußgängerzogen rauf und runter. In der Mitte der Kettwiger Straße in Essen eine Gruppe von Leuten in Aktion. Einer sitzt auf einem kleinen Stuhl und kritzelte kopierte Wahlzettel mit Wachsmalstiften voll, die Beliebigkeit der repräsentativen Stimmabgabe karikierend. Ein anderer tapst mit zugeklebter Brille durch die Einkaufsmenschen und will wohl ihre politische Blindheit spiegeln. Ein dritter steht auf einem Podest und hält eine Rede, er mimt den Vertreter der Kapitalistischen Einheitspartei Deutschlands (KED), wettert gegen die sogenannte Wiedervereinigung und preist die freien Assoziationen. Dass alles sich nur noch ums Geld drehen würde affirmiert er und wirft handweise Pfennige in die Menge. Ein paar Kinder sammeln sich begeistert um das Happening und sammeln das Kleingeld ein.

Wir schreiben das Jahr 1990. Die Gruppe bestand aus ein paar unabhängigen Anarchisten und den Mitgliedern der FAU-Ortgruppe, die Bundestagswahl stand kurz bevor. Die Mauer war im Jahr zuvor gefallen und schon vergessen war, dass eine nicht irrelevante Menge an Menschen im November `89 nicht auf dem Berliner Kurfürstendamm Bananen und Kaffee aus Supermarktlastwagen entgegengenommen hatte, sondern für zwei gleichberechtigte Deutschlands eingetreten war.

Dass die „Niederlage von 1989“[79], die der Historiker Enzo Traverso zum Ausgangspunkt seines Buches über

79 Enzo Traverso: *Linke Melancholie. Über die Stärke einer verborgenen Tradition.* Münster: Unrast Verlag 2019, S. 25.

Linke Melancholie nimmt, auch unsere Niederlage war, empfanden und begriffen wir damals noch nicht. Ein Staatssystem, das seine Bürgerinnen und Bürger bespitzelte und kollektiv einsperrte war untergegangen, das war nur zu begrüßen und unsere Vision von Freiheit und Gerechtigkeit schien davon völlig unberührt. Aber wie sich zeigen sollte, war mit dem Zusammenbruch des Realsozialismus auch jede andere Idee von Kommunismus, auch die libertäre, nachhaltig beschädigt. Das ist bitter und traurig.

Traverso plädiert in seinem Buch für die Integration der Melancholie in die Kultur der Linken. Für eine Anerkennung des Scheiterns und der Niederlage, die auch Kraft und Hoffnung spenden kann. Und eigentlich müssten wir Anarchist*innen die ausgezeichneten Expert*innen für eine solche Integration sein, kennen wir doch mehr noch als andere Linke gescheiterte und unvollendete Projekte, niedergeschlagene und abgebrochene Experimente. Dass die Trauerarbeit aber wenig konzeptualisiert wurde, liegt vermutlich daran, dass in den meisten Strömungen des Anarchismus die Trennung zwischen Geschichte und Erinnerung geteilt wurde, die auch den Marxismus geprägt hat. Erinnerung gilt als subjektive Vergegenwärtigung, als sporadisch und selektiv, als sprunghaft und spontan. Die Geschichte hingegen wurde als Fundus einer objektiven, zielgerichteten Entwicklung aufgefasst, faktenbasiert und geradlinig, im Zweifelsfall gar anrufbar wie ein über allem stehender Gott („Die Geschichte wird uns Recht geben"). Auch wenn jede Erinnerung Teil der Geschichte ist, ein besonderer Einfluss auf sie wurde dem Erinnern selten zugestanden.

Zum 70. Todestag von Gustav Landauer erschienen 1989 auch gesammelte Aufsätze des Anarchisten unter dem Titel *Auch die Vergangenheit ist Zukunft*. Landauer meinte, die „Erkenntnis der Gebundenheit an unwürdige Zustände war schon der erste Schritt zur Befreiung aus diesen Zuständen“[80]. Das Vergangene lebt als kollektive Geschichte in uns fort, unser Zugriff darauf ist individuell. Wir können uns nur selbst erinnern. Und wissen können wir natürlich von Vergangenem, aber das ist etwas anderes. Wenn wir eine freie und gerechte Zukunft gestalten wollen, müssen wir auch unsere Erinnerungen nicht nur wachrufen, sondern bearbeiten, das heißt in Beziehung setzen zu dem, was war und woran wir gerade nicht beteiligt waren (was ja das meiste ist). Ich bin mir nicht sicher, ob Landauer das so meinte, aber ich las es so und war angetan.

Eine postsozialistische oder postanarchistische Haltung zu Geschichte und Erinnerung darf also nicht einfach die Geschichte als totalitäres Fortschrittskonstrukt verwerfen und stattdessen das Erinnern als selbstbestimmtes Patchwork von Vergegenwärtigungen feiern. Es geht nicht darum, die kollektive Geschichte zugunsten subjektiver Erinnerungen geringzuschätzen oder auflösen zu wollen, sondern die „klassische Dichotomie“[81] zwischen beiden nicht immer wieder zu bestätigen. Das kleine Erinnern muss betont, hervorgeholt, gepriesen und eingespeist werden in die große historische Erzählung (wie etwa jene der sogenannten „Wiedervereinigung“). Diese Mikrogeschichte ist nicht wegen der konkreten Performance in der Essener Innenstadt wichtig, sondern um das Gegengedachte, das Andere, das Flüchtige nicht zu verlieren. Denn wir müssen immer auch gegen das Vergessenmachen der Erinnerung durch die Geschichte kämpfen.

Im Mai 1990 wurden wir auf der Autobahn vor Frankfurt am Main von Polizisten mit Maschinenpistolen kontrolliert. So hatten wir uns den Deutschen Herbst vorgestellt,

80 Gustav Landauer: „Stelle dich, Sozialist!“ [1915] In: Ders.: *Auch die Vergangenheit ist Zukunft. Essays zum Anarchismus.* Herausgegeben von Siegbert Wolf. Frankfurt am Main: Sammlung Luchterhand 1989, S. 224-230, hier S. 228.

81 Traverso 2019, a.a.O., 70.

aber es war ein deutscher Frühling und wir waren auf dem Weg zur „Nie wieder Deutschland"-Demo. Unter diesem Motto demonstrierten am 12. Mai 1990 rund 20.000 Menschen gegen das Erstarken des Nationalismus. Eine Demonstration der radikalen Linken vor der Spaltung in Antiimps und Antideutsche, an der auch viele Mitglieder der graswurzelrevolutionären Föderation Gewaltfreier Aktionsgruppen (FöGA)[82] teilnahmen. Der Nationalismus erstarkte trotzdem, für den Massengeschmack schien der Sozialismus für immer verloren. Aber es gab diese Zeichen des Nichteinverstandenseins und der Hoffnung auf eine bessere, eine gerechtere Welt.

Traverso betont, dass die Melancholie ein besonderes Verhältnis zur Erinnerung unterhält, „sie ist ihr Vehikel, ihr Träger, ihr Hüter, oder, wenn man so will, ihr *Regisseur*"[83]. In dieser Beziehung ist die melancholische Haltung Teil der linken Geschichte. Eine Geschichte, die auch Erinnerung ist und die immer wieder reaktiviert und die hegemonialen Auseinandersetzungen eingespeist werden muss. Auch und gerade angesichts der Vehemenz der Niederlage, die sich - unter anderem - im kommerzialisierten Raum der innerstädtischen Einkaufszonen ablagert. Die Kettwiger Straße des Jahres 1990, die uns damals mit ihren Kaufhäusern neben den familienbetriebenen Konditoreien und dem Kino als totale Konsumzone erschien, wirkt verglichen mit der ausgeweiteten Kommerzkultur von heute wie ein mittelalterlicher Dorfplatz. (Das bombastische Einkaufszentrum am Limbecker Platz in Essen hat gar keinen Namen, es heißt Limbecker Platz. Es ist der Limbecker Platz. 200 Shops auf 70.000qm Verkaufsfläche. Das gab es 1990 noch nicht.) Auch die Shoppingmalisierung der Welt als Effekt

82 Die Föderation Gewaltfreier Aktionsgruppen (FöGA) wurde 1980 als bundesweiter Zusammenschluss gegründet und Ender der 1990er Jahre aufgelöst. Sie stand der Zeitschrift *graswurzelrevolution* inhaltlich und organisatorisch nahe.

83 Traverso 2019, a.a.O., S. 69.

der Privatisierungs- und Konzernbegünstigungspolitik nahm, wie der neue Nationalismus, nach 1990 erst so richtig Fahrt auf. Melancholisch gesprochen: Die meisten der Kinder, die damals die Performancepfennige einsammelten, geben ihr Geld heute in den Flagshipstores der enterinnerten Innenstädte aus.
(Für MB)

17 Ontologische Anarchie

Autonomes Leben und Selbst-Disziplin

Ein Postanarchismus, der seine Vorsilbe verdient, stellt keine Mutmaßungen über das Wesen des Menschen an. Im Unterschied zu vielen traditionellen Anarchismen geht eine postanarchistische Position nicht davon aus, dass der Mensch von Grund auf gut ist und alles Schlechte und Böse vor alle durch die institutionelle Dressur und Gängelung namens Staat in die Welt kommt. Wesensannahmen führen zu nichts (außer zu Spekulationen). Deshalb ist Postanarchismus ist auch keine Lehre des Seins, sondern eine theoretische Haltung gegenüber dem Sozialen, gegenüber der „Gesellschaft". Die Vorsilbe „Post-" soll zum Ausdruck bringen, dass manche Grundannahmen klassischer Anarchismen in Frage gestellt werden, ohne die Kritik an Herrschaft und die Utopie herrschaftslosen Zusammenlebens jedoch aufzugeben. Infrage gestellt wird etwa die gerade genannte Vorstellung vom guten Wesen der Menschen, aber auch noch andere: die Annahme, dass nur ein stabiles, über Zeit und Raum hinweg einheitlich beschaffenes Subjekt handlungsfähig ist; und vor allem die Annahme, dass die ökonomisch Benachteiligten im Prinzip den sozialen Umsturz wollen und bloß durch Gewalt davon abgehalten werden.

Die Annahmen eins und drei werden in einem Buch munter weiter vertreten und sogar bestärkt, das so gesehen seinem Titel nicht gerecht wird: Der Politikwissenschaftler Saul Newman versucht in *Postanarchism* (2016) einen „ontologischen Anarchismus"[84] stark zu machen - Ontologie ist die

84 Saul Newman: *Postanarchism*. Cambridge/ Malden, MA: Politiy Press 2016, S. xii. [Übers. dieses und aller weiteren Zitate O.L.]

Lehre vom Sein. Jetzt könnte man ja sagen: OK, man grenzt sich immer von denen ab, die einem am nächsten sind, was soll´s? Warum also dieses gerade in akademischen Kreisen so verbreitete Spielchen mitspielen?! Newman wendet sich gegen die Ausweglosigkeit des neoliberalen Paradigmas, begeistert sich für die horizontale Mobilisierung von Occupy-Bewegungen und Empörten, kritisiert die Gewalt der Staatsmacht und die Beschränkung von Politik auf Repräsentation. Gegen all das ist überhaupt nichts einzuwenden. Und dennoch geht es um etwas.[85] Denn Newman macht zugleich theoretische, sozio-analytische und politische Vorschläge, die nicht nur verkürzend und problematisch, sondern häufig auch strategisch fatal sind.

Das Problem ist Newmans Plädoyer für einen ontologischen Anarchismus. Der Begriff bezeichnet gar keine Methode, um herauszufinden, wie das Sein der Anarchie aussehen könnte. Er beschreibt oder behauptet vielmehr eine allgemein menschliche Wesensbestimmung: eine „Erfahrung von Freiheit und eine intensive ethische Reflexion"[86]. Sie ist laut Newman der Ausgangspunkt für postanarchistisches Denken und für radikale politische Aktion heute gleichermaßen. Die ontologisch anarchische Existenz verweist darauf, wie wichtig die „Rückeroberung eines autonomen und kontingenten politischen Lebens um seiner selbst Willen"[87] ist. Das autonome Leben ist das zentrale Motiv dieses Postanarchismus, seine Motivation und seine Strategie zugleich. Das hat zwei weitreichende Konsequenzen: Zum einen wird die Zielvorstellung einer sozialen Revolution aufgegeben. Die Revolution erscheint

85 Akademisch wäre wohl auch, hier in einer Fußnote anzumerken, dass schon der Anarcho-Taoist Hakim Bey Ende der 1980er, Anfang der 1990er Jahren von „ontologischer Anarchie" gesprochen hatte. Dass Newman ihn nicht erwähnt, ist einerseits natürlich nicht so tragisch, andererseits aber auch eine vertane Chance, Debatten weiterzuführen; Hakim Bey: *Temporäre Autonome Zone*. Berlin/ Amsterman: Edition ID Archiv 1994.

86 Newman 2016, S. 10.

87 Newman 2016, S. 37.

bei Newman als ein modernes Metanarrativ, als eine „große Erzählung“, die Mittel, Ziele und Akteur*innen des politischen Kampfes von vornherein festlegt und angesichts einer differenzierten Welt kaum mehr aufrechtzuerhalten ist. Ersetzt wird die Revolution durch den Aufstand (insurrection), der als „Affirmation der Autonomie und Singularität des Individuellen“[88] und - in Anlehnung an den insurrektionalistischen Anarchisten und Gewaltprediger Alfredo Bonanno - als subversive Praxis kleiner Gruppen definiert wird.
Zum anderen hat das autonome Leben als Ausgangspunkt eine sehr individualistische Schlagseite. Zwar versucht Newman sich vom liberalen und neoliberalen Individualismus abzugrenzen. Mit seiner starken positiven Bezugnahme auf den egoistischen Anarchismus Max Stirners verbleibt er aber bewusst in einer Logik des Individuellen. Dieser Individualismus findet sich schon bei Hakim Bey, der in seiner poetischen Art proklamiert hatte, der „ontologische Anarchismus“ erkläre die Wiedergeburt von König und Anarch in einer Person: „jeder von uns der Herrscher über das eigene Fleisch, die eigenen Schöpfungen“[89]. Herrschaft soll nicht bekämpft werden, indem Menschen sich kollektiv gegen sie organisieren. Stattdessen sollen sie jenseits von ihr ein freies Leben im Hier und Jetzt beginnen. Newman lehnt jede Form kollektiver Organisierung auf der Grundlage von Klasse ebenso ab wie auf jener von kollektiven Identitäten. Damit formuliert er zwar eine Alternative zur polarisierten Debatte um neue Klassenpolitik und Identitätspolitiken. Allerdings ist diese Art von Ausweichmanöver alles andere als überzeugend. Theoretisch nicht und praktisch auch nicht. Theoretisch übersieht - oder leugnet- er einfach, dass Menschen ihre Klasse und ihre identitären Zuschreibungen ja nicht frei wählen, sondern diese Ausbeutungs- und Diskriminierungskategorien ihnen aufgezwungen werden.

88 Newman 2016, S. 54.
89 Bey 1994, S. 77.

Deshalb können sie auch, zumindest strategisch, zum Ausgangspunkt von emanzipatorischen Kämpfen werden. Statt kollektive Identitäten zu nutzen, schlägt Newman vor, sie zu ignorieren. Eine solche Politik, die eine „Geste der *Des-Indentifikation*“[90] proklamiert - eine Position, die Newman im Übrigen mit Theoretikern wie John Holloway und Jacques Rancière teilt -, tut so, als ließen sich die Strukturkategorien so einfach abschütteln. Politisch führt das in die Irre, weil Macht und Herrschaft nicht einfach verschwinden, indem ich sie leugne. Und genau das fordert Newman: In Bezug auf die Macht und das Gesetz sollten wir so handeln, „*als ob* diese Paradigmen nicht existierten“[91]. Postanarchismus sei, einfach gesagt, „eine Form von Politik und Ethik, die auf einer Gleichgültigkeit gegenüber der Macht basiert“[92].

Als Postanarchist kann ich vor einem solchen Postanarchismus nur warnen. Um die oben genannten drei Kriterien wieder aufzugreifen: Erstens wird mit der ontologischen Behauptung individueller Freiheit verhindert, sich analytisch und politisch um die konkreten Machtverhältnisse zu kümmern und Strategien zu entwickeln, wie ein möglichst herrschaftsfreies Leben in einer Welt voller Herrschaft aussehen und durchgesetzt werden könnte.

Zweitens versucht Newman zwar, einer modernen Subjektvorstellung mit dem Begriff der Singularitäten zu begegnen. Singularitäten sind, anders als essentialistisch gedachte Identitäten, nie abgeschlossen und immer als personelle und zeitliche Übergänge gedacht. Auch wenn man die Offenheit des Konzepts loben kann, bleibt doch fraglich, ob jede Kritik an politischer Stellvertretung gleich zu einem Plädoyer dafür führen muss, überhaupt nicht mehr sicht- und greifbar zu sein. Die Ablehnung jeglicher Form von Repräsentation bleibt also problematisch. Denn wie die

---

90 Newman 2016, S. 29.

91 Newman 2016, S. 91.

92 Newman 2016, S. 137.

nicht-repräsentative Anonymität und die Unsichtbarkeit, die Newman so feiert, überhaupt Einfluss haben sollen auf das Soziale, bleibt eine völlig ungeklärte Frage. Ein paar „autonome Leben", wie auch immer die konkret aussehen sollen, machen noch lange keinen gesellschaftlichen Wandel aus. Das hätte auch aus der Geschichte der alternativen Milieus und der Autonomen der 1980er und 90er Jahre gelernt werden können, auf die aber im Buch überhaupt nicht eingegangen wird. Diese Geschichte ist schließlich gerade keine Geschichte der Ausweitung antikapitalistischer Lebensweisen durch Selbstveränderung und disziplinierte Kleingruppen.

Drittens die unteren Klassen: Durch die starke Wesensannahme der „ontologischen Anarchie" wird auch der alte anarchistische und linke Glaube an die emanzipatorische Kraft und Funktion der „einfachen Leute" befeuert. Auch der Postanarchismus sollte, wie der Anarchismus, selbstverständlich auf der Seite der Ausgebeuteten und Schwachen, der Benachteiligten und Diskriminierten stehen. Aber er sollte auch den Gedanken zulassen, dass diese systematisch Miesbehandelten ihre soziale Stellung manchmal durchaus akzeptieren und ihre Verletzungen nicht denen anlasten, die sie zu verantworten haben, sondern weiterreichen an noch Schwächere. Auch wenn Newman ein ganzes Kapitel der „freiwilligen Knechtschaft" widmet, lässt er sich doch durch diese Einsicht in die potenziell reaktionären und regressiven Momente der Mobilisierung „einfacher Leute" nicht irritieren. Er erwähnt sie, aber sie haben keinen Einfluss auf das Konzept der ontologischen Anarchie.

In seiner um 1550 verfassten Abhandlung über die freiwillige Knechtschaft („Discours de la servitude volontaire")[93] hatte Étienne de la Boetie eine der, wie Newman zu Recht pointiert, Schlüsselfragen politischer Theorie und radikaler politischer Praxis aufgeworfen: Warum lassen Menschen

93 Étienne de la Boetie: *Von der freiwilligen Knechtschaft*. Frankfurt am Main: Trotzdem Verlag 2009.

sich beherrschen, warum gehorchen sie? Aus Gewohnheit, durch Ablenkung und wegen Abhängigkeiten, antwortet, kurz gesagt, de la Boetie. Herrschaft gibt es nur durch das Geschehenlassen und Mitmachen der Beherrschten. Dieses Problem ist auch im Anarchismus häufig aufgegriffen worden.[94] Newman schlägt nun vor, das als emanzipatorische Botschaft zu lesen und schließt: Weil alle Macht vom Gehorsam der Beherrschten abhängt, sind Macht und Herrschaft pure Illusion („essencially an *illusion*"[95]). Das aber ist ein schlimmer Trugschluss. Macht konstituiert nicht nur ein Verhältnis von Herr und Knecht, sondern sie schafft auch Möglichkeiten, und zwar auf allen Ebenen des Sozialen. Immer gibt es andere, die noch unter einer/einem stehen, immer gibt es kleine Vorteile zu gewinnen, die eine/n ein bißchen mehr Herr und ein bißchen weniger Knecht werden lassen. In jedem Arbeitsverhältnis, in jeder Nachbarschaft, in jeder Liebesbeziehung. Genau deshalb sind Machtverhältnisse und deshalb ist Herrschaft so stabil. Macht ist keine Illusion, sondern schafft ganz reale, handfeste Vor- und Nachteile. Die sind alles andere als eingebildet, sie haben materielle Konsequenzen und sind deshalb auch nicht aufkündbar wie ein plumper Gehorsam á la „ich tue was du willst".

Die Vorstellung einer ontologischen Anarchie führt in die Irre: Sie geht davon aus, dass eine grundlegende Freiheit schlicht vorhanden und nur durch „eine bestimmte Form der Selbst-Disziplin"[96] verwirklicht werden muss. Sie verhindert die Analyse konkreter Machtverhältnisse und sie verweigert sich kollektiver Organisierung. Aus allen drei Gründen sollte die Vorstellung einer ontologischen Anarchie unbedingt verworfen werden.

---

94 Vgl. etwa Gustav Landauer: *Die Revolution* [1907]. Münster: Unrast Verlag 2003.

95 Newman 2016, S. 103.

96 Newman2016, S. 77.

18 Volk

Aufständisch oder reaktionär?

Es sind die neoliberalen Sparprogramme, die wachsende soziale Ungleichheit, die die Menschen auf die Straße treiben: Im Oktober 2019 demonstrieren Indigene, Gewerkschaftsmitglieder und Studierende in Ecuador, auch in Chile gehen in diesem Monat Hunderttausende auf die Straße. Die Herrschenden reagieren jeweils mit brutaler Gewalt, in Chile fahren erstmals seit der Pinochet-Diktatur wieder Panzer gegen Demonstrierende auf. Repression schweißt zusammen, die Proteste flauen nicht ab, im Gegenteil. Und da ist sie wieder, auch in Ecuador, die Parole aus den Zeiten der chilenischen Militärdiktatur (1973-1990): „El pueblo unido jamás será vencido!" („Das vereinigte Volk wird niemals besiegt werden"). Es ist so berührend. Und doch so falsch.

Es ist großartig, dass so viele unterschiedliche Leute gegen ein Wirtschafts- und Sozialmodell auf die Straße gehen, das mittels Privatisierungs-, Deregulierungs- und Austeritätspolitiken dafür sorgt, dass die Armen ärmer und immer prekäreren Lebensverhältnissen ausgesetzt werden, während kleine Eliten sich bereichern. Der Slogan aber und die Vorstellung, die mit ihm transportiert wird, sind höchst problematisch. Er taucht nicht nur in lateinamerikanischen sozialen Bewegungen auf, sondern gehört insgeheim (und manchmal auch ganz offen) zum Standardrepertoire linker, auch anarchistischer Weltbilder: Hier das arme, ausgebeutete Volk, das sich hüten muss, wie Bakunin meinte, vor dem Staat und der „Regierung der Gelehrten"[97], und dort die kleine Clique

97 Michail Bakunin: *Gott und der Staat*. Grafenau: Trotzdem Verlag 1995, S. 90.

reicher Herrschender. Ist von diesen nur Unterdrückung und Zwang zu erwarten, bilden jene den Pool, aus dem die gerechte Welt erwächst. Dementsprechend folgert etwa der marxistisch-dekolonialistische Philosoph Enrique Dussel paradigmatisch, dass jedes Befreiungsprojekt „von der Volkskultur aus(gehen)“[98] müsse.

Was ist problematisch an dieser Annahme? Davon auszugehen, eine kleine In-Group beherrsche den Rest der Bevölkerung, indem sie sie mit List und Wahlversprechen spaltet, ist erstens herrschaftsanalytisch beschämend schlicht gedacht. Herrschaft besteht aus komplexen Prozessen, in denen Menschen auch mittels expliziter oder impliziter Zustimmung Gefolgschaft leisten. Es gibt Unterwürfigkeit und Partizipation als eingefleischte Traditionen, von denen letztlich auch Bakunin schon wusste, dass sie nicht eingeprügelt werden müssen, sondern sich in einer Form „geistiger und moralischer Gewohnheit“[99] äußern. Die Menschen müssen nicht immer ausgetrickst oder gezwungen werden, sie haben meist auch selbst etwas vom Mitmachen. Dass Menschen protestieren und ihrem Unmut Luft machen, ist damit gar nicht ausgeschlossen. Aber es ist nicht der Normal-, sondern der Ausnahmefall. Zweitens ist „das Volk“ oder sind die Armen, die Subalternen oder wie auch immer man die sozialstrukturell unten Angesiedelten auch nennen mag, als Gruppe in sich viel zu heterogen, als dass davon auszugehen wäre, sie würden im Prinzip eine gemeinsame Haltung teilen. Eine Haltung, die dann nur durch die listigen Spaltungsstrategien von oben entzweit würde. Dass diese Haltung der großen Mehrheit der Bevölkerung –„Masse“, „Volk“, „die Leute“ – dann auch noch emanzipatorisch sein soll, ist als Grundannahme drittens einfach auch empirisch nicht zu halten. Aus der Tatsache, dass Rebellionen häufig von

98 Enrique Dussel: *Der Gegendiskurs der Moderne. Kölner Vorlesungen.* Wien/ Berlin: Verlag Turia + Kant 2013, S. 148.
99 Bakunin 1995, a.a.O., S. 52.

ganz normalen Leuten getragen werden zu schließen, ganz normale Leute seien Rebellinnen und Rebellen - normal, „also rebellisch“[100] -, wie etwa der libertäre Marxist John Holloway es tut, ist ein wunschtraumgenährter Unsinn. Was ist mit all den Hausmeistern, Busfahrern, Platzwarten und Abteilungsleitern, die ihr kleines geborgtes Reich nach dem Muster großer Tyrannen verwalten? Was mit der AfD-wählenden Kioskverkäuferin und den ganz normalen, antisemitischen Ultranationalist*innen in Büro, Kirche und Fabrik? Was ist also mit den Reaktionär*innen aller Länder, die ja auch ganz normale Leute sind? Und manchmal gerne Volksmusik hören.

In Momenten, in denen „das Volk“ den Aufstand macht, wie in Ecuador und in Chile im Oktober 2019, fallen sie vielleicht nicht so sehr ins Gewicht. Wenn die reaktionären Leute und Milieus aber ausgeblendet werden, wie eine große linke und anarchistische Tradition es tut, kann über den Aufstieg des Ultranationalismus nichts Erklärendes mehr gesagt werden. Auch der Neoliberalismus, der mit Unterstützung großer Teile der Bevölkerungen (wenn auch häufig gegen deren Interessen) durchgesetzt wurde, kann analytisch nicht begriffen werden. Und politisch? Das Volk ist selbstverständlich immer der wichtigste Bezugspunkt für politische Praxis: keine Partei, die nicht beansprucht, es zu repräsentieren. Weil das nie voll und ganz gelingen kann - auch den sogenannten Volksparteien nicht -, hatte die Anarchistin Simone Weil einst für die „Abschaffung der Parteien“[101] plädiert. Ihre Ablehnung der Parteien beruht aber auf der fragwürdigen Behauptung, dass Parteien nie dem Gemeinwohl dienen könnten, weil sie immer nur Teile der Bevölkerung vertreten - Partei kommt von „pars“,

---

100 John Holloway: „Ganz normale Leute: Rebellinnen und Rebellen.“ In: Ders.: *Die zwei Zeiten der Revolution. Würde, Macht und die Politik der Zapatistas.* Wien: Verlag Turia + Kant 2006, S. 75-84, hier S. 81.

101 Simone Weil: *Anmerkungen zur generellen Abschaffung der politischen Parteien.* [1943] Zürich/ Berlin: diaphanes 2009, S. 30.

Lateinisch für „Teil“. Dem setzt sie ein homogenes Ganzes entgegen, das die Wahrheit verkörpert. Und das kann sie nur tun vor dem Hintergrund eines Vertrauens darauf, dass dieses Ganze, eben das „Volk“, von Grund auf emanzipatorisch gestimmt ist. Ein Irrglaube, der Weil sogar dazu veranlasst, jede Form des „Partei-Ergreifens, der Stellungnahme für oder gegen etwas“[102] als Aktion gegen das Denken, die Wahrheit und das Gemeinwohl zu verurteilen.

Der Postanarchismus ergreift Partei, und zwar nicht anders als Anarchist*innen es in ihrer rund 180jährigen Geschichte immer getan haben, für die Schwächsten und Geknechteten, für die Armen und die Subalternen. Am besten natürlich: Nicht für sie, sondern mit ihnen. Aber postanarchistische Theorie und Praxis verlässt sich eben nicht mehr darauf, im „kleinen Mann“ oder der „einfachen Frau“ den Genossen oder die Genossin zu treffen. Auch wenn wir die antiiperialistische Bestimmung des Volkes als kämpferische Einheit gegen das Übel des globalen Kapitals kennen, so wissen wir doch auch von der nationalsozialistischen Volksgemeinschaft, die das Menschheitsverbrechen der Shoah begangen hat. Auch dabei ziemlich vereinigt. Es gibt keine Gewissheit im Hinblick auf das „vereinigte Volk“ und sein potenzieller „Sieg“ ist nicht per se das Reich der Freiheit und Gerechtigkeit.

102 Ebd., S. 135.

19 Zeitschriften

Organisationsmittel und affektive Knotenpunkte

Bei einer Recherche zur internationalen Arbeiter*innenbewegung traf ich auf eine Zeitschrift namens „Workers Solidarity“. Davon gibt es wahrscheinlich einige, auf dem unteren Rand dieser speziellen, in Schwarz-Weiß mit Zweifarbdruck erscheinenden Zeitschrift steht „Irish Anarchist Magazine“. Die Ausgabe Nr. 28 vom Sommer 1988 verkündet als Schwerpunktthema „Anarchism - as we see it“. Das hätte mich interessiert. Leider habe ich nicht mehr als das Cover - und die einiger anderer Ausgaben dieser Zeitschrift - finden können. Arbeitersolidarität, da ist der Name noch Programm. Die Geschichte anarchistischer Medien weist viele solcher Titel auf, gerade in den Anfangszeiten der libertären Presse am Ende des 19. und zu Beginn des 20. Jahrhunderts - wobei das auch noch für die Graswurzelrevolution gilt - sind die Zeitschriften oft nach dem benannt, was sie erreichen wollten: Freiheit, Befreiung, Einheit, Einigkeit oder eben Solidarität.[103] Online findet sich heute noch etwa die 1907 gegründete Zeitschrift „Solidaridad Obrera“, die früher von der anarchosyndikalistischen Gewerkschaft CNT (Nationale Konföderation der Arbeit) auf Spanisch publiziert wurde. Heute erscheint sie auf Katalanisch, herausgegeben von der Confederació Regional del Treball de Catalunya i Balears (Regionale Konföderation der Arbeit von Katalonien und den Balearen). Namen wie Arbeitersolidarität verweisen auf

103 Für den deutschsprachigen Raum vgl. Bernd Drücke: *Zwischen Schreibtisch und Straßenschlacht. Anarchismus und libertäre Presse in Ost- und Westdeutschland.* Ulm: Verlag Klemm & Oelschläger 1998, hier S. 78ff.

eine Funktion von Zeitschriften, die vielleicht in Zeiten ihres Ab- und Aussterbens etwas aus dem Blick gerät: Zeitschriften sind nicht nur Medien zur Übermittlung von Sichtweisen („as we see it"). Sie sind auch Organisationsmittel. Die Solidarität unter den Arbeiterinnen und Arbeitern soll nicht nur zum Ausdruck gebracht, sondern auch hergestellt werden. Diese schaffende, gestaltende Funktion kommt Zeitschriften selbstverständlich auch zu, wenn sie sie nicht im Titel vor sich her tragen. Auch wenn in repräsentativen Umfragen andere Motive für das Zeitunglesen im Vordergrund stehen: inhaltliche Anregungen, Tipps für den Alltag, Entspannung[104] - Zeitschriften stecken inhaltliche Felder ab, mit denen Menschen sich politisch identifizieren. Sie stellen diese Identifikationsmöglichkeiten damit auch auf relative Dauer. Sie sorgen dafür, dass eine Orientierung, eine Richtschnur, eine Strömung nicht jeden Tag neu erfunden werden muss. Zeitschriften stiften Kontinuität, gerade in der Linken und gerade in Zeiten, zu deren wesentlichen Charakteristika die „Beschleunigung" (Hartmut Rosa) gehört.

Diese Beständigkeit schaffen sie gleichzeitig durch zwei Strategien: Anarchistische Zeitschriften berichten über „anarchistische" Themen (vom Arbeitskampf über Geschlechterverhältnisse und Herrschaftskritik bis zum Zeltlager beim politischen Sommercamp). Und sie berichten über andere Themen anarchistisch, beleuchten also Filme oder Regierungsmaßnahmen, Bücher und soziale Bewegungen etc. aus libertärer Perspektive. (Wobei was hier für „anarchistische" Medien gesagt ist, auch für „feministische" oder allgemein „linke" gilt, auch sie fahren diese Doppelstrategie.) Als im Mai 1936 die erste Ausgabe der Zeitschrift „Mujeres Libres" erschien, das Organ der

104 Vgl. Jan Hauser: „Zeitschriftenverleger setzen auf digitale Bezahlkultur", *Frankfurter Allgemeine Zeitung*, 6. November 2014, https://blogs.faz.net/medienwirtschaft/2014/11/06/zeitschriftenverleger-setzen-auf-digitale-bezahlkultur-560/

gleichnamigen, heute als anarchafeministisch bezeichneten Organisation, wurde die Zielsetzung der Zeitschrift ganz in diesem Sinne formuliert: „Dem gesellschaftlichen Handeln der Frau eine Orientierung geben“, hieß es im Editorial, „indem wir ihr einen neuen Blickwinkel auf die Dinge zeigen.“[105]

Dass Menschen sich an ein Zeitschriftenprojekt andocken, also eine Zeitschrift regelmäßig lesen, eventuell abonnieren und ihre Inhalte hin und wieder am Küchentisch oder in der Straßenbahn diskutieren, trägt nicht nur diese Inhalte weiter. Es führt auch zu affektiven Bindungen und vertieft sie. Schon Peter Kropotkin schrieb in seinem anarchistischen Klassiker *Gegenseitige Hilfe in der Tier- und Menschenwelt* (1902) fasziniert von der Hingabe, mit der die revolutionären Arbeiter*innen (wobei Kropotkin immer nur Männer adressiert) sich dem Verkauf von Zeitschriften widmen: „Jeder verkaufte Stoß Zeitungen, jede Versammlung, jede hundert Stimmen, die bei einer sozialistischen Wahl gewonnen werden, stellen eine Menge an Energie und Opfer da, von denen kein Außenstehender die geringste Vorstellung hat.“[106] Was wohl nahezu jede/r Aktivist*in wird bestätigen können: Der Verkauf von Zeitschriften kostet zwar Energie, gibt aber auch neue. Und für den undogmatischen Anarchokommunisten Kropotkin war das alles, selbst die Wahlwerbung für sozialistische Parteien, Ausdruck einer solidarischen Haltung der gegenseitigen Hilfe.

Als Angehöriger jener papierverliebten Generation von Linken, die noch WG-Regale mit Pappordnern voller Zeitschriften zugestellt und Artikel aus Tages-, Wochen- und Monatszeitungen ausgeschnitten und irgendwo

105 Zit. n. Antonia Fontanillas: „Die Zeitschrift Mujeres Libres und ihre Mitarbeiterinnen.“ In: Vera Bianchi (Hg.): *Mujeres Libres. Libertäre Kämpferinnen*. Lich: Edition AV 2019, S. 110-116, hier S. 111.

106 Peter Kropotkin: *Gegenseitige Hilfe in der Tier- und Menschenwelt* [1902]. Frankfurt am Main/ Berlin/ Wien: Ullstein Verlag 1976, S. 247.

eingeklebt hat, muss man sich natürlich fragen: Stimmt das alles noch? Ändert die Digitalisierung nicht alles, auch die Rolle und Funktion von Zeitschriften? Da deuten Medien- und Kommunikationsforschung an: Nein. Die Menschen in den westlichen Gegenwartsgesellschaften lesen vielleicht weniger auf Papier, dafür aber mehr im Netz. Auch wenn traditionelle Bindungen an Institutionen wie Kirchen, Parteien und Vereine sich abschwächen und grundsätzlich weniger Bedeutung im Alltag vieler Menschen haben, bleiben Zeitschriften doch wichtige Knotenpunkte: In ihnen verknüpfen sich Menschen mit Ideen und Bewegungen, in ihnen verbinden sich Gedanken und Gefühle.

Und sie sind natürlich auch Hoffnungsspenderinnen in finsteren Zeiten. Als kurz nach Ausbruch des Spanischen Bürgerkriegs im Juli 1936 die letzte Ausgabe des anarchistischen Journals „La Revista Blanca“ (Die weiße Zeitschrift) erschien, hieß es angesichts der antifaschistischen Aufgaben im Kampf gegen die rechten Generäle im Editorial: „Mut, Glaube, Enthusiasmus für den Kampf! Vertrauen in uns selbst und in das Morgen, das uns gehört, Spanische Anarchisten!“[107] Auch wenn wir wissen, dass das damalige Morgen alles andere als anarchistisch wurde und auch wenn wir grundsätzlich nicht davon ausgehen können und sollten, dass es einen historischen Fortschritt gibt, auf dessen Seite wir wie selbstverständlich ins emanzipatorische Utopia gleiten: Mut, Glaube, Enthusiasmus und publizistische Projekte, die sie gleichsam widerspiegeln und fördern, kann es nicht genug geben.

107 Zitiert aus der Ausgabe vom 15. August 1936, Übers. O.L. „La Revista Blanca. Sociología, Ciencia y Arte“ erschien 1898-1905 in Madrid und 1923-1936 in Barcelona. Alle Ausgaben von „La Revista Blanca“ finden sich eingescannt als pdf auf der Seite der Spanischen Nationalbibliothek, http://hemerotecadigital.bne.es/results.vm?q=parent%3A0002860475&s=0&t=-creation&lang=en

20 Gender

Binär oder queer?

Bei den Libertären Tagen 1993 in Frankfurt am Main, einem bundesweiten Treffen der anarchistischen Szene, entstand die Idee, einen antisexistischen Männerrundbrief zu gründen.[108] Wie immer in Sachen geschlechterpolitische Gleichberechtigung geschah das auch auf Druck von FrauenLesben (so die damals übliche Bezeichnung ohne Sternchen und Unterstrich). Dieser Druck war selbstverständlich nicht nur dem Patriarchat als solchem geschuldet, sondern auch sexistischem Verhalten, Mackermiltanz und „Manarchism“ in den autonomen und anarchistischen Milieus selbst.

Schon die anarchistisch gesinnten Frauen während der Spanischen Revolution von 1936 hatten aus genau diesen Gründen ihre eigene Organisation gegründet, die Mujeres Libres (Freie Frauen). Und sie hatten die Männer der Bewegung wegen ihres Machismo immer wieder in die Pflicht genommen. Wie konnte es sein, dass selbst jene Aktivisten, die ihren Kampf für die Herrschaftslosigkeit nicht nur als Eroberung der Fabriken oder als Kampf gegen die Arbeit dachten, sondern als Veränderungen des gesamten sozialen Lebens, dass selbst die die Herrschaft gegenüber Frauen nicht nur duldeten, sondern häufig selber ausübten? Die Mujeres Libres, seit den 1970er Jahren als „anarchafeministisch“ bezeichnet, wollten sich selbst nicht Feministinnen nennen. Nicht, weil ihnen das zu eindeutig oder zu radikal erschienen wäre. Im Gegenteil, der Feminismus, den sie als zeitgenössischen vor Augen hatten,

---

108 Alle Ausgaben sind glücklicherweise eingescannt und stehen zum download im Netz: http://maennerrundbrief.blogsport.de

war aufs Wahlrecht für Frauen fokussiert und getragen von bürgerlichen Frauen. Das war den Mujeres Libres zu wenig, sie waren proletarisch und revolutionär. Sie dachten Geschlechterverhältnisse als Herrschaftsverhältnisse und koppelten sie von der Klassenfrage nicht ab. Damit vertieften sie auch eine Tradition innerhalb des Anarchismus, die zwar nie dominant, aber doch da war und Gender als relevante Kategorie diskutierte.

In einem aktuellen Buch zum Einfluss anarchistischer Ideen auf die Kultur- und Sozialwissenschaften mit dem Titel *The Anarchist Imagination* (London/ New York 2019) gibt es auch einen Beitrag zum Feminismus. Darin plädiert Sandra Jeppesen für eine „anarchistisch-feministische Analytik der Macht". Sie schreibt dazu einen ebenso programmatischen wie denkwürdigen Satz: „Der Anarchismus-Feminismus lehnt binäre Konzeptionen wie männlich/weiblich, Herrscher*innen/ Beherrschte, oben/ unten ab, weil sie als binäre Paare sozial konstruiert und einschränkend sind."[109] In Sachen Geschlechtlichkeit, das sagen inzwischen selbst einige Biolog*nnen, gibt es keine natürlich Zweiteilung. Geschlechtlichkeit (gender) beruht auf sozial vollzogenen Einteilungen, auf im Alltag ständig wiederholten und eingeübten Konventionen. Auf die soziale Konstruktion von Geschlecht abzuheben, ist also nicht das Denkwürdige an dem Satz. Aber was heißt es, Konzepte abzulehnen?

Im Hinblick auf die Analyse von Herrschaftsverhältnissen ist das eine gewagte und eben denkwürdige Aussage. Denn ohne ein binäres, also auf Zweiteilung spezialisiertes Konzept von Geschlecht wären doch sehr viele alltägliche Phänomene in der sozialen Welt nicht zu beschreiben. Denn die Ordnung dieser Welt ist nun einmal, als Effekt

109 Sandra Jeppsen: „Toward an anarchist-feminist analytics of power." In: Carl Lewy udn Saul Newman (Hg.): *The Anarchist Imagination. Anarchism Ecounters the Humanities and the Social Sciences*. London&/ New York: Routledge 2019, S. 110-131, hier S. 118. [Übers. O.L.]

des Denkens über sie, weitgehend binär strukturiert. Bis in die Sprache hinein und in die mit Worten verknüpften Vorstellungen - hoch/ tief, oben/ unten, kalt/ warm, rational/ irrational, usw. - sind wir binär geprägt und diese Prägung ist immer auch geschlechtlich konnotiert. Es ist noch nicht so lange her, dass jedes Hoch im Wetterbericht einen Männer- und jedes Tief einen Frauennamen hatte. Und die binäre Organisation im Konsumbereich scheint eher voranzuschreiten: Der frappanteste Unterschied zwischen Klassenfotos aus meiner Grundschulzeit in den 1970er Jahren und jenen meiner jetzigen Grundschulkinder ist die heutige Rosa/Blau-Segregation!

Politisch gesehen ist es insofern ein löblicher Anspruch, einschränkende Binaritäten zurückzudrängen. Vor allem selbstverständlich vor dem Hintergrund der Analyse, dass es starke soziale Imperative und Regulierungen gibt, die in Sachen Geschlecht oft sehr rigide und dennoch recht unbemerkt wirken. Nicht immer so deutlich wie bei Socken mit Darth Vader- vs. Eisprinzessin-Motiv. Aber gerade dazu brauchen wir - entgegen dem Einwand von Jeppesen - ein (binäres) Konzept, dass die ständige Zweiteilung beschreiben kann. (Das brauchen wir im Übrigen auch für Klassenverhältnisse. Und für ein Verständnis von Ethnisierungsprozessen, also auch, um Rassismus verstehen und bekämpfen zu können.)

Aber immerhin: Es gibt einen Anarchismus-Feminismus! Diese praktisch-theoretische Strömung schließt einerseits an die irgendwann verebbten Debatten um den Anarchafeminismus der 1980er Jahre an. Der Anarchismus-Feminismus ist aber auch Teil des Third Wave-Feminism, also jener Strömungen innerhalb des Feminismus, die seit den frühen 1990er Jahren Zweigeschlechtlichkeit abschaffen wollte, anstatt sie mit anderen als patriarchalen Werten zu füllen und mit anderen Praktiken zu leben. Queer-Feminismus. Zweigeteiltes vervielfachen, Dualismen unterwandern, Binaritäten durchkreuzen, das

muss aus queer-feministischer Sicht eben schon bei den Beschreibungen beginnen. Jede Beschreibung ist eine Identifizierung ist eine Festlegung.
Und trotzdem bleibt die Frage, ob da nicht der Illusion aufgesessen wird, durch sprachliche Interventionen („Konzepte ablehnen") soziale Probleme lösen zu wollen. Oder anders formuliert: Es stellt sich die ernsthafte Frage, ob nicht im Kampf gegen Herrschaft eine Benennung von Herrschenden im Gegensatz zu den Beherrschten - auch wenn die Grenzen manchmal fließend verlaufen - unabdingbar ist. Selbst ein Postanarchismus, der den queeren Konzepten gerade deshalb nicht abgeneigt ist, weil sie sich weigern, den abgelehnten patriarchalen Verhältnissen nicht einfach spiegelbildlich neue, selbstbewusste Weiblichkeiten und sanfte Männeridentitäten entgegenzusetzen, sollte es sich nicht nehmen lassen, analytisch Freund und Feind - gerne auch Freund*in und Freind*in - auseinanderhalten zu können.
Der profeministische Männerrundbrief war noch klar getragen von der Notwendigkeit binärer Konzepte. Schließlich war er mit gutem Grund ein profeministischer Männerrundbrief und nicht einfach nur ein profeministischer Rundbrief. Der gute Grund war das Anliegen einer Sensibilisierung für Geschlechterungerechtigkeit auch bei jenen, die von ihr tendenziell profitieren. Der profeministische Männerrundbrief war Teil eines relativ kurzzeitigen, genderpolitischen Aufbruchs in der radikalen Linken. Dieser ging mit den Anfängen der (profeministischen) kritischen Männerforschung an den Universitäten einher. Der Männerrundbrief wurde erst in Hamburg, dann in Münster herausgegeben und erschien als Zeitschrift zwischen 1993 und 2002 mit insgesamt 17 Ausgaben.

21 Umverteilung

Regulieren und selbstverwalten

Es ist bis heute einer der wichtigsten Slogans der zapatistischen Bewegung: „Alles für alle!“ Damit machten die kämpfenden, indigenen Bäuerinnen und Bauern im Süden Mexikos klar: Es geht uns nicht allein um die Anerkennung unserer kulturellen Gepflogenheiten, es geht nicht allein um einen Kampf gegen Rassismus. Es geht ums Ganze, um die Abschaffung sozialer Ungleichheit. Der aktuelle Oxfam-Bericht zur globalen sozialen Ungleichheit macht einmal mehr deutlich, dass hier dringend Handlungsbedarf besteht: Das reichste Prozent der Weltbevölkerung besitzt 45 Prozent des weltweiten Reichtums, Frauen arbeiten mehr und verdienen viel weniger als Männer usw. usf.[110]
Suchte man nach Vorläufern der zapatistischen Ansichten und Ansprüche, sie ließen sich im Anarchokommunismus finden. „Alles soll allen gehören!“[111] schrieb Peter Kropotkin 1919 in seiner optimistischen Kampfschrift *Die Eroberung des Brotes*. Und Kropotkin war klar, dass die Umsetzung dieser Forderung auf die Umverteilung gesellschaftlichen Reichtums hinauslaufen muss. Es gelte, so Kropotkin, laut zu proklamieren, „daß die Gesellschaft unter Alle ohne Ausnahme die Existenzmittel, über welche sie verfügt, zu verteilen hat.“[112] Was Kropotkin allerdings auch klar zu sein schien war, dass die gesellschaftliche Entwicklung, der Fortschritt, letztlich unablässig auf einen Zustand zulaufen würde, der diese Umverteilung bewerkstelligen werde.

110 Vgl. https://www.oxfam.de/unsere-arbeit/themen/soziale-ungleichheit

111 Peter Kropotkin: *Die Eroberung des Brotes. Wohlstand für alle*. Berlin: Verlag Der Syndikalist 1919, S. 19.

112 Ebd., S. 16.

Der Ansturm des sich bewusst werdenden Volkes auf das Privateigentum, so Kropotkins hoffnungsfrohe Ansicht, werde dazu führen, dass sich Gesellschaften - in unterschiedlichen Formen zwar - anarcho-kommunistisch organisieren. Das schien ihm der logische ein Effekt eines Strebens nach Gleichheit. Mit dieser Prämisse allerdings, so schön der Optimismus auch heute noch zu lesen ist, tat er dem Anarchokommunismus keinen Gefallen. Denn damit erübrigte sich im Grunde jede Frage nach einer Strategie, mit der die Umverteilung angegangen und umgesetzt werden könnte. Anliegen jeder sozialrevolutionären Politik muss es sein, gesellschaftlichen Reichtum an Ressourcen zu verteilen. Das bedeutet, ihn umzuverteilen, denn er ist ja bereits verteilt und wird in jedem Augenblick weiter verteilt, wobei (unter kapitalistischen Bedingungen) diejenigen, die bereits viel haben, immer besser wegkommen als jene, die nichts haben. Bestehende Ungleichheiten müssen abgeschafft werden. Dazu aber müssen bestehende Abläufe und Routinen, und zwar nicht nur ökonomischer Art, unterbrochen und verändert werden. Hier entsteht der Knackpunkt jedes heutigen Anarchokommunismus: Umverteilung geht nicht ohne Regulierung! Denn diejenigen, die von der bestehenden Verteilung profitieren, haben selbstverständlich etwas dagegen, dass ihnen weniger zukommen soll als bisher. Und mit den Profiteur*innen sind bei Weitem nicht nur die Superreichen und Konzernchefs gemeint. Auf nahezu allen Ebenen des Sozialen wägen Menschen ihre Vorteile gegenüber Nachteilen ab, profitieren von der Ausbeutung und Diskriminierung anderer. Das ist der Grund dafür, dass heute nicht den Hauch einer Chance auf gesellschaftliche Mehrheiten hat, wer mit einem sozialrevolutionären Programm radikaler Umverteilung in die Öffentlichkeit tritt. Eine Tatsache, die von der Linken, auch der libertären Linken, gerne ausgeblendet wird. Denn so entsteht das anarchokommunistische Dilemma: Die Umverteilung müsste mindestens gegen die Eliten, im ungünstigeren Fall der westlichen Gegenwartsgesellschaften aber wohl gegen die Mehrheit der Bevölkerung durchgesetzt werden. Das müsste schließlich mit relativ brachialen Regulierungsmaßnahmen geschehen, und das selbstverständlich widerspricht dem programmatischen Anspruch auf freie Entfaltung und freie Assoziation.

Bei Kropotkin aber gab es keinen Zweifel, dass der Kommunismus früher oder später „zum Fundament des gesamten sozialen Lebens wird", und zwar der anarchistische Kommunismus, also der „Kommunismus ohne Regierung".[113] Die staatliche Organisation des Sozialen wie auch der Ökonomie schien ihm überflüssig: „Die freie Vereinbarung, die freie Organisation ersetzen diesen teuren und schädlichen Apparat [von Staat und Regierung, O.L.] und leistet Besseres"[114]. An der Überzeugung, dass eine generalisierte Selbstverwaltung Besseres zustande bringt als der moderne Nationalstaat, ist sicherlich auch unter postanarchistischen Vorzeichen festzuhalten. Zu verwerfen aber ist das Vertrauen in die sich selbst bewusst werdende und dann rebellierende Bevölkerung. Denn dieser Glaube hat die Beantwortung der Frage verhindert, wie eine solche Gesellschaft nicht nur auf den Weg gebracht, sondern auch gegen die immensen Widerstände aus allen sozialen Milieus durchgesetzt werden soll. Kropotkin ist in dieser Sache leider bis heute maßgebend. (Wobei ihm selbst natürlich zu Gute gehalten werden muss, dass er die Entwicklung des Fordismus mit seiner Massenproduktion, die Beteiligung der Arbeiter*innenklasse am Konsum und am politisch-repräsentativen Organisationengefüge ebenso wenig voraussehen konnte wie insgesamt Aufstieg und Fall des Wohlfahrtsstaates!)

Heute argumentieren Anarchist*innen aber noch ähnlich. Über die Mittel zur Durchsetzung der anarchokommunistischen Gesellschaft wird geschwiegen, als hätte die

113 Ebd., S. 23.

114 Ebd., S. 104.

Integration der Arbeiter*innenklasse in der Geschichte des 20. Jahrhunderts nicht stattgefunden. Dabei liegt etwa der anarchistische Ökonom Gerhard Senft zunächst gar nicht falsch, wenn er schreibt: „Kein System jemals zuvor in der Geschichte hat in herrschaftstechnischer Hinsicht derart gründlich und zuverlässig funktioniert wie das moderne Akkumulationsregime."[115] Die Ökonomie durchdringt alles. Mehr denn je, wäre zu ergänzen, in den letzten vierzig Jahren, die durch die Hegemonie des Neoliberalismus geprägt sind. Umso wichtiger, sich aus herrschaftskritischer Sicht damit auseinanderzusetzen, also nicht nur den Staat, sondern auch die Ökonomie zu analysieren und zu attackieren. Senft schreibt im gleichen Text, ebenfalls sehr richtig, anarchistische Theorie und Praxis habe immer darauf beharrt, „sämtliche autoritäre Tendenzen aus den politischen und wirtschaftlichen Organisationsformen zu verdammen."[116] Dann aber kommt gleich im nächsten Satz die Behauptung, die das anarchokommunistische Dilemma gerade umgeht: „Der libertäre Sozialismus bedarf keiner etatistischen und technokratischen Autoritäten."[117] Tja, das ist als Lehre sicherlich korrekt wiedergegeben und ehrenwert, nur fragt sich eben: Wie soll er dann durchgesetzt werden, der libertäre Sozialismus?

Braucht es wirklich keinerlei Autoritäten, um Umweltstandards, Arbeitsrechte, Antidiskriminierungsmaßnahmen etc. umzusetzen? Um bei der Ablehnung „etatistischer und technokratischer" Autoritäten zu bleiben, müssten wir angesichts der perversen globalen sozialen Ungleichheit aber sehr schnell und sehr gründlich Konzepte anderer Autoritäten entwickeln, um die Privatisierungs- und Deregulierungspolitiken der Megakonzerne und ihrer

115 Gerhard Senft: „Ökonomie, Herrschaft und Anarchie." In: Ilja Trojanow (Hg.): *Anarchistische Welten*. Hamburg: Edition Nautilus 2012, S. 159-173, hier S. 159.

116 Ebd., S. 163.

117 Ebd.

Helfershelfer*innen in die Schranken zu weisen und dann zu zerschlagen. An solchen Konzepten aber mangelt es auf schmerzliche Weise. Bei Senft ist dann etwas weiter im Text zwar noch von der Notwendigkeit der Kollektivierung von Grund und Boden die Rede. Aber auch da wird die Frage gar nicht erst aufgeworfen, wer sie auf welche Art und Weise umsetzen könnte. Diese Frage drängt sich aber wohl auf, denn, wie gesagt, die zu Enteignenden werden der Kollektivierung kaum ohne Weiteres zustimmen.

Nur, um da nicht missverstanden zu werden: Das hier ist kein Plädoyer für eine Besinnung auf Sozialdemokratie und Staatsräson. Es geht darum, sich über die Etablierung einer wirkmächtigen, generalisierten Selbstverwaltung Gedanken zu machen, die den neoliberalen Angriffen auf die Errungenschaften der Arbeiter*innen- und anderer sozialer Bewegungen etwas entgegenzusetzen hat.

Das „Alles für alle!" der Zapatistas hat seine praktische Umsetzung in der Aneignung von Land und dem Aufbau basisdemokratischer kollektiver Selbstverwaltung gefunden. Ein Modell allerdings, das auf der relativen Homogenität der Lebensverhältnisse im ruralen mexikanischen Süden fußt. Und leider kaum auf die diversifizierten, urbanen Landschaften westlicher Gegenwartsgesellschaften zu übertragen ist.

22 Kommunismus

Kapitalismus töten oder streicheln, weiterentwickeln oder umstürzen?

Vor Kurzem erschien im Wiener Verlag Turia + Kant ein Buch des russischen Schriftstellers Andrej Plotanov (1899–1951). Die unter dem Titel *Frühe Schriften zur Proletarisierung 1919–1927* versammelten Texte setzen sich mit theoretischen Fragen des Kommunismus, aber auch mit verschiedenen Facetten der sozialen Realität in der Sowjetunion auseinander. Der Sozialtheoretiker McKenzie Wark hatte Plotanov in seiner fulminanten Zeitdiagnose *Molekulares Rot. Eine Theorie für das Anthropozän* (2017) aus der Versenkung der Diskurse gehoben und ihm ein Denkmal gesetzt.[118] Ward lobt Plotanovs literarische Methode, seine Nähe zur Bevölkerung – er stand der Proletkult-Bewegung Alexander Bogdanovs (1873–1928) nahe – und vor allem sein zeituntypisches Gespür für Fragen der Ökologie. Diese Mischung erklärt vielleicht, warum seine gesammelten Texte jetzt in einem Verlag erscheinen, der ansonsten bisher eher mit Publikationen zur Psychoanalyse und zum linken Poststrukturalismus und weniger mit bolschewistischer Propaganda aufgefallen ist.

In dieser Textsammlung nun gibt es einen kurzen Aufsatz von 1920, der mit „Anarchisten und Kommunisten" überschrieben ist. Und auch wenn ich einerseits Torsten Bewernitz darin zustimme, dass man sich im Verhältnis zwischen Anarchismus und Marxismus „nach dem Zusammenbruch des realen Staatskapitalismus [...] auf

118 McKenzie Wark: *Molekulares Rot. Eine Theorie für das Anthropozän.* Berlin 2017 (Verlag Matthes & Seitz).

Gemeinsamkeiten in der Theorie und den Forderungen besinnen“[119] sollte, ist dieser Plotanov-Text doch aufschlussreich in Bezug auf das Trennende: Er führt noch einmal vor Augen, warum Anarchist*innen im 20. Jahrhundert einen großen Teil ihrer theoretischen und praktischen Energien auf Abgrenzungen zu kommunistischen Marxist*innen verwandten, warum schließlich Kommunist*innen und Anarchist*innen im Mai 1937 in Barcelona (inmitten des gemeinsamen Kampfes gegen den anrückenden Franco-Faschismus) aufeinander schossen und wieso Anarchist*innen und Kommunist*innen in der zweiten Hälfte des 20. Jahrhunderts nicht nur politisch, sondern auch habituell so unterschiedlich waren, wie Ilja Trojanow sie in seinem Roman *Macht und Widerstand* so eindrucksvoll beschrieben hat.[120] (Und warum Marc-Uwe Klings kommunistisches Känguru auch nicht ganz recht hat, wenn es dem Kinopublikum zuzwinkert, im Verhältnis zwischen Anarchist*innen und Kommunist*innen würde es nach der Revolution natürlich schwierig werden. Denn „schwierig“ war es auch vorher und währenddessen leider allzu oft.)

Plotanov lässt gleich zu Beginn seines inzwischen Hundert Jahre alten Textes keine Missverständnisse aufkommen: Wenn er von Anarchisten rede, meine er nicht Plünderer und Mörder, nein, nein, er nimmt die Sache ernst: „Der wirkliche Anarchismus“, notiert er korrekt, „ist die Lehre von der Überflüssigkeit und Schädlichkeit jeglicher Macht auf Erden, die Lehre von der Herrschaftslosigkeit.“[121] Die anarchistische Lehre ist deshalb aber nicht, wie

119 Torsten Bewernitz: „Give the Anarchist a theory. Renaissance des libertären Kommunismus?“ In: *Grundrisse*, Nr. 32, 2008, https://www.linksnet.de/artikel/20951

120 Ilja Trojanow: *Macht und Widerstand.* Frankfurt am Main 2015 (S. Fischer Verlag).

121 Andrej Plotanov: „Anarchisten und Kommunisten“ [1920]. In: Ders.: *Frühe Schriften zur Proletarisierung 1919-1927.* Wien/ Berlin 2019 (Verlag Turia + Kant), S. 28-30, hier S. 30.

man meinen könnte, die Kampfgefährtin der Lehre des Kommunismus und des proletarischen Kampfes. Sie sei vielmehr „eine Blutsverwandte, direkte Nachfolgerin der Lehre der Bourgeoisie“[122]. Wieso das? Zwar sieht Plotanov sehr wohl, dass auch der Anarchismus den Kapitalismus abschaffen will, doch er tue dies im Namen einer Freiheit, die er als in der Natur des Menschen angelegt betrachte. Diese Haltung gleiche derjenigen der Kapitalist*innen, die den Privatbesitz als Effekt natürlicher Neigungen interpretierten. Der Anarchismus sei deshalb nichts weiter als eine „Weiterentwicklung der bürgerlich-kapitalistischen Lehre“[123] mit ihrer Grundlage des freien Willens, der sich die gesamte Welt zu eigen machen solle. Die Annahme über die Natur des Menschen und die Forderung nach individueller Freiheit, die den Anarchismus auszeichnen, sind für Plotanov die Grundlagen für sein Verdammungsurteil. Denn mit diesen Konzepten töte man das Kapital nicht, „man streichelt es nur“[124].

Ganz anders die Kommunist*innen. Sie wollen den Kapitalismus gar nicht töten, sondern weiterentwickeln. „Sie machen das Kapital nur allgemeinmenschlich, geben ihm eine globale Organisation, eine strenge, präzise Form und eine einheitliche Färbung“[125]. Dieses Ziel werde nicht in und durch Individuen verfolgt und verwirklicht, sondern nur im und durch das Proletariat als Ganzes. Kollektivbesitz und Regulierung statt individueller Freiheit ist das Programm. Wurde die Weiterentwicklung der kapitalistischen Lehre dem Anarchismus am Anfang des Textes noch zum Vorwurf gemacht, heißt es am Ende jubilierend: „Der Kommunismus ist die Weiterentwicklung des Kapitalismus, die Vollendung seiner Form“[126]. Und zwar

122 Ebd., S. 28.
123 Ebd., S. 29.
124 Ebd.
125 Ebd.
126 Ebd., S. 30.

insofern, als das Eigentum allen gehöre. Der Anarchismus hingegen sei eine „schlichte Ausweitung des Kapitals“[127], weil er den Wunsch verkörpere, als Einzelne*r alle anderen zu besiegen, also Bourgeois zu sein oder gar Gott. Damit endet der Text.

Plotanov liegt mit seiner lehrstückhaften Polemik rückblickend einerseits natürlich total falsch. Während die kommunistische Strenge und Präzision in der Weiterentwicklung des Kapitalismus zum Grau und Grauen des Staatssozialismus geführt hat, trug das anarchistische Beharren auf individueller Freiheit nicht wenig zur Ausweitung von Rechten und zur Demokratisierung von Gesellschaften bei.

Andererseits trifft Plotanov aber sicherlich einen Punkt, wenn er das für den Anarchismus konstitutive Vertrauen auf die Natur des Menschen kritisiert. Denn dies hat den Anarchismus in die Strategie- und damit letztlich in die politische Bedeutungslosigkeit geführt. Die Hoffnung auf die Aktivierung des guten Wesens ersetzte nur allzu oft die strategische Intervention in gesellschaftliche Kräfteverhältnisse. Darüber hinaus ist auch die Offenheit eines freiheitlichen Individualismus in Richtung „Ausweitung des Kapitals“, also in Richtung neoliberaler Deregulierung und Privatisierung, nicht ganz von der Hand zu weisen. (Im Zuge dessen hat auch das Adjektiv „libertär“ in den letzten Jahrzehnten seine Referent*innen gewechselt und steht mittlerweile weniger für anarchistische Gedanken und Initiativen als vielmehr für Marktradikale, wie sie sich in der Tea Party-Bewegung und anderen ultrarechten Clubs und Netzwerken versammeln.) Da braucht es ein kollektivistisches Korrektiv. Denn der Markt ist die Antithese zum Gemeinwohl.

Für Plotanov erscheint es offenbar abwegig, Anarchismus und Kommunismus nicht als Gegensätze, sondern gemeinsam zu denken. Das ist auch beim Anarchismus-Sympathisanten Trojanow noch so, insofern dessen Roman-Protagonisten unterschiedlicher nicht sein könnten und

127 Ebd.

einfach Gegenpole verkörpern, eben Macht (der polternde Kommunist) und Widerstand (der bescheidene Anarchist). Demgegenüber müsste es - mit Bewernitz gesprochen - genau um die „Gemeinsamkeiten in der Theorie und den Forderungen" gehen. Kurz: Um Anarchokommunismus. Aus postanarchistischer Perspektive sind Annahmen über die sogenannte Natur des Menschen als Grundlage für Politik sicherlich zu verwerfen. Am Anspruch aber, die individuellen Gestaltungsmöglichkeiten des Lebens auszubauen und sie zugleich an eine kollektive Dimension des guten Lebens für alle zu knüpfen, ist unbedingt festzuhalten. Neue Sozialbeziehungen jenseits der Wettbewerbslogik aufbauen, am Gemeinwohl orientiertes Wirtschaften durchsetzen - das würde den Kapitalismus wohl weder ereignishaft töten noch bloß streicheln, sondern langfristig umstürzen.

23 Freiheit

Verantwortung statt survival of the fittest

Es ist ein rebellisches Motto, das auch einen Hauch von Anarchie versprüht: „Tu was Du willst!“ So betitelte die legendäre Punk-Band Bad Religion in diesem Jahr das Buch zu ihrer eigenen, 40jährigen Geschichte.[128] Und so hieß auch schon ein Sammelband zu „Anarchismus - Grundlagentexte zur Theorie und Praxis“ (so der Untertitel) aus dem Jahr 1987.[129] Sich gegen die herrschenden Regeln zur Wehr zu setzen, gesellschaftlichen Anforderungen nicht zu gehorchen, sein eigenes Ding zu machen - in dieser Haltung schillern ja durchaus anarchistische Ansprüche im Punk durch. Aber ist diese Proklamation von Freiheit durch Ungehorsam wirklich anarchistisch?

Die Forderung nach Freiheit von Herrschaft, also nach Anarchie als gleichberechtigtes Zusammenleben, richtet sich selbstverständlich gegen autoritäre Bevormundung, auch und insbesondere gegen staatliche Regulierungen des Alltags. Eine solche Freiheit wird errungen und nicht gewährt. Sich die Freiheit zu nehmen, zuweilen mittels Ungehorsam, beschränkt sich keinesfalls auf den Gesetzesbruch. Denn gesellschaftliche Normen lagern sich nicht nur in Gesetzen ab, sondern in vielen alltäglichen Herrschaftsverhältnissen. Auch ihnen gegenüber gilt es, ungehorsam zu sein und Freiräume zu erkämpfen.

---

128 Bad Religion und Jim Ruland: *Do What You Want. Die Bad Religion Story*. Innsbruck: Hannibal Verlag 2020.

129 Hans-Jürgen Degen (Hg.): *„Tu was du willst“. Anarchismus - Grundlagentexte zur Theorie und Praxis*. Berlin: Verlag Schwarzer Nachtschatten 1987.

Allerdings sind sie so vielfältig und widersprüchlich, dass oft gar nicht klar ist, welche Art von Ungehorsam gegen was überhaupt noch emanzipatorischen Charakter hat.
Die Debatten um die Maßnahmen gegen den Corona-Virus, insbesondere jene um den Mund-Nasen-Schutz, haben das schmerzlich deutlich gemacht. Denn auch hier geht es um Freiheit, auch die GegnerInnen der so umstrittenen „Maske" tun was sie wollen, widerstehen dem Gesetz und tragen den Mund-Nasen-Schutz nicht. Sie proklamieren eine Freiheit jenseits gesetzlicher und moralischer Maßregelung. In diesem Verständnis von Freiheit haben sich immer schon Querfronten gebildet, also linke Antiautoritäre und rechte Political Correctnes-GegnerInnen getroffen. Auch auf den Demos gegen die Corona-Maßnahmen in Berlin sah man schließlich Hippies und Nazis vereint marschieren.
Ein zentrales Problem der „Tu was Du willst"-Losung ist ihr Individualismus. Es ist ja nur eine Aufforderung an die Einzelnen, nicht an kollektive Praxis. Insofern ist es auch eine rücksichtslose Parole, weil sie den Schutz der Anderen, möglicherweise Schwächeren gar nicht in Betracht zieht. Darin kommt eine verarmte, letztlich brutale Freiheitsvorstellung zum Ausdruck. Selbst die nicht-anarchistische, liberale Tradition geht hier wesentlich weiter. Der liberale Philosoph John Rawls (1921–2002) etwa hat in seiner Theorie der Gerechtigkeit die Freiheit schon in Bezug auf die Anderen gedacht. Er konzipierte Freiheit als „eine bestimmte Struktur der Institutionen, ein bestimmtes System öffentlicher Regeln zur Festlegung von Rechten und Pflichten"[130] und zwar genau deshalb, weil das das „Tu was Du willst" ein Korrektiv braucht. „In diesem Rahmen gesehen", so Rawls weiter, „sind die Menschen also zu etwas frei, wenn sie frei sind von bestimmten Zwängen, es zu tun oder zu lassen, und wenn ihr Tun

130 John Rawls: *Eine Theorie der Gerechtigkeit.* Frankfurt am Main: Suhrkamp Verlag 1979, S. 231.

oder Lassen vor Eingriffen anderer geschützt ist“[131]. Der Schutz, den auch die Masken-GegnerInnen verweigern, ist entscheidend. Denn diese schützende Rücksichtnahme eröffnet erst die Perspektive auf Gerechtigkeit und soziale Gleichheit. Ob sie, wie bei Rawls, dann in staatlichen Institutionen verstetigt werden muss, ist eine andere Frage. Aber anarchistische Theorie und Praxis sollte sich davor hüten, den Anspruch auf Freiheit ohne den auf Gleichheit zu proklamieren. Denn Freiheit ohne Gleichheit ist purer Sozialdarwinismus, fordert letztlich auch in der Corona-Krise das zynische survival of the fittest.

Das solche Freiheit nur meint, das Beste für sich rauszuschlagen ohne Rücksicht auf die Verluste anderer, wird auch noch an etwas anderem deutlich: Die Freiheitsliebenden, die sich durch den Mund-Nasen-Schutz und Forderungen nach Veggie-Day und geschlechtersensibler Sprache eingeschränkt fühlen, haben in der Regel gar kein Problem damit, ihre freie Lebenszeit durch die Beschäftigung mit Lohnarbeit, Geschlechterstereotypen oder Produktpaletten, auf die sie keinerlei Einfluss haben, beschränken zu lassen.

Michael Bakunin (1814–1876), Anarchist und Vordenker des herrschaftsfreien Sozialismus, hatte in „Die Commune von Paris und der Staatsbegriff“ schon darauf verwiesen, dass die Freiheit der einen nicht vor jener der anderen Halt machen dürfe. Es gehe um die Freiheit aller, „die Freiheit durch die Solidarität, die Freiheit in der Gleichheit“[132]. Ohne soziale Gleichheit ist Freiheit aus anarchistischer Sicht keine Option. Die politische Gleichheit, das hat auch die politische Theoretikerin Danielle Allen in ihrem aktuell viel besprochenen, gleichnamigen Buch festgestellt, ist „für volles menschliches Wohlergehen ein genauso

131 Ebd.

132 Michael Bakunin: „Die Commune von Paris und der Staatsbegriff“, https://www.anarchismus.at/anarchistische-klassiker/michail-bakunin/18-bakunin-die-commune-von-paris-und-der-staatsbegriff

notwendiges multivalentes intrinsisches Gut wie die negativen Freiheiten“[133] – gemeint sind die Freiheiten *von* Einschränkungen, im Gegensatz zu positiven Freiheiten *zu* etwas. Allen nimmt für sich in Anspruch, diesen Gedanken in Auseinandersetzung mit Rawls entwickelt zu haben. Ein Blick in die Geschichte des Anarchismus oder auch der marxistischen Theorie, die sie beide völlig ausblendet, zeigt allerdings, dass das Beharren auf Verknüpfung von Gleichheit und Freiheit schon um einiges älter ist und wesentlich radikaleren Traditionen entstammt als dem US-amerikanischen Liberalismus.

Um schließlich Bad Religion, einer der ganz großen und zu Recht einflussreich genannten Punk-Bands auch nur annähernd gerecht zu werden, sei noch dies erwähnt: Auf einer der ganz frühen Platten, „How Could Hell Be Any Worse?“ von 1982 gibt es einen Song mit dem Titel „Damned To Be Free“. Darin wird die Zeile gesungen: „Freedom is responsibility, pay more than it's worth“. Das ist es doch. Nicht „Tu was Du willst!“ ist dann das Motto der Befreiung, sondern anarchistisch gewendet müsste die Parole vielmehr lauten: „Tut (am besten gemeinsam), was gut für alle ist!“

133 Danielle Allen: *Politische Gleichheit.* Berlin: Suhrkamp Verlag 2020, S. 57.

24 Kunst

Emanzipatorisch und/ oder ausschließend

Stadtpläne ganz in Schwarz, verwirrende Straßengeflechte, in denen jeweils nur ein einziger Straßenname in Rot, alle anderen in Schwarz geschrieben stehen. Auch die Holzrahmen sind rot, die die schwarzen Bilder umranden. Der jeweilige Name ist der eines italienischen Anarchisten (oder, im Falle von Sacco & Vanzetti, von zweien). Die Künstlerin Lavinia Raccanello hat, indem sie alle nach Anarchisten - Anarchistinnen sind nicht darunter - benannten Straßen in Italien in solche schwarzlackglänzenden Bilder verwandelt hat, eine Toponymie des italienischen Anarchismus geschaffen („Ritratto Anarchico d´Italia", 2016)[134]. Sie bedient sich dabei einer Methode, die auch vielen emanzipatorischen sozialen Bewegungen nicht fremd ist: das vom Mainstream Verdrängte hervorholen, das von den Mächtigen Totgeschwiegene wiederbeleben. Parallelen in der Methode wie diese haben Anarchist*innen wie Kulturtheoretiker*innen immer wieder dazu veranlasst, eine Wesensverwandtschaft zwischen Kunst und emanzipatorischen Bewegungen zu behaupten: Unter dem Eindruck der großen Beteiligung von Künstler*innen an der Occupy-Bewegung von 2011ff. schrieb die Künstlerin und Kulturtheoretikerin Martha Rosler - um nur ein Beispiel zu nennen - von einer künstlerischen Revolution,

---

134 Vgl. https://www.laviniaraccanello.com/selectedworks/ritrattoanarchicoditalia(2016)

die wegen ihres Anspruchs auf „direkte Demokratie, ohne Repräsentation“[135] anarchosyndikalistische Züge trage.
Doch so einträchtig in der Wahl der Mittel - wie bei Raccanello und wie von Rosler hervorgehoben - sind Bewegungen und Kunstpraktiken nicht immer. Im Gegenteil, während emanzipatorische Protestbewegungen stets darum bemüht sind, ihre Anliegen möglichst vielen verständlich zu machen und Botschaften klar zu vermitteln, lebt die Kunst von Bedeutungsvielfalt und Undurchsichtigkeit. Es bedarf schon eines Expert*innenwissens, um einen Zugang zu ihr zu finden. Kunst - zumindest diejenige, die in Galerien, Museen und Kunstzeitschriften als solche gehandelt, d.h. anerkannt wird - ist sperrig. Damit grenzt und schließt sie viele aus. Denn die Zugangshürden zu ihr sind hoch, gebraucht wird Bildung, Zeit und der Glaube daran, dass es überhaupt sinnvoll ist, sich mit künstlerischen Arbeiten zu beschäftigen. Das Kunstsystem ist folglich ein relativ privilegierter Bereich in der Gesellschaft, der von Privilegierten gestaltet wird.[136]
Und gegen Privilegien haben Anarchist*innen selbstverständlich etwas. Die Anarchist*innen standen und stehen der Kunst des Kunstbetriebs wegen dessen Ausschlusscharakters daher oft ablehnend gegenüber. Schon der Mitbegründer des modernen Anarchismus, Michail Bakunin, erhob bereits 1869 den Vorwurf, die Kunst finde „unter Ausschluß und folglich auch zum Schaden der ungeheuren Mehrzahl“[137] der Bevölkerung statt. Um den Nicht-Eingeweihten nicht weiter zu schaden, wollten auch diverse

---

135 Martha Rosler: „The Artistic Mode of Revolution“. In: Dies.: *Culture Class*. Berlin: Sternberg Press 2013, S. 191-224, hier S. 214. [Übers. O.L.]
136 Zur Kunst im Anarchismus vgl. auch das entsprechende Kapitel in Jens Kastner: *Die Linke und die Kunst. Ein Überblick*. Münster: Unrast Verlag 2019, S. 43ff.
137 Michail Bakunin: „Die vollständige Bildung“ [1869]. In: Ders.: *Staat, Erziehung, Revolution. Ausgewählte Texte (1861-1871)*. Herausgegeben, eingeleitet und kommentiert von Philippe Kellermann. Lich: Edition AV 2015, S. 321-350, hier S. 322.

Akteur*innen der künstlerischen Avantgarden selbst immer wieder, „die Kunst“ in „das Leben“ überführen. Diese historischen Versuche sind letztlich alle misslungen, auch wenn und gerade weil die Aufhebung der Grenzen zwischen Arbeit und Freizeit, die Verbreitung von Kreativität und Flexibilität längst ganz andere als kulturschaffende Milieus erreicht hat. Während die Avantgarde-Forderungen sich unter kapitalistischen Bedingungen zum neoliberalen Imperativ pervertiert haben, erfreut sich der Kunstbetrieb in seiner relativen Abgeschlossenheit bestem Funktionieren.

Trotzdem ist nicht alles verloren. Ohne eine Wesensverwandtschaft zwischen Anarchismus und Kunst zu behaupten, gibt es eine Alternative zur Totalopposition. Sie heißt kritische Partizipation. (Und weil das nicht sehr anarchistisch klingt, nennen wir es eben postanarchistisch. Das ist nicht nur flapsig dahingesagt, sondern beschreibt ein Charakteristikum postanarchistischer Haltung, nämlich in einer von vielerlei Herrschaftsformen geprägten Welt keine rein herrschaftslose Praxis für möglich zu erachten.) Lavinia Raccanellos Arbeit wäre ein Beispiel dafür. Es gibt viele weitere Beispiele, bei denen anarchistische Inhalte über eine formale Bearbeitung durch KünstlerInnen einem Publikum präsentiert wurden und werden, die sonst nie damit in Berührung gekommen wären. Die Skulptur des Anarchisten Paul Wulff, die die Künstlerin Silke Wagner 2007 gemeinsam mit Aktivist*innen rund um das Münsteraner Umweltzentrum entwickelt hatte, ist ein weiteres solches Beispiel. Die Skulptur war als Teil einer alle zehn Jahre stattfindenden Großausstellung im öffentlichen Raum platziert worden und sorgt bis heute für Diskussionen weit über die Westfälische Studierendenstadt hinaus. Im Grazer Kunstverein *rotor. Zentrum für zeitgenössische Kunst* fand Ende 2019 die Ausstellung „Alphabet des anarchistischen Amateurs“ statt.[138]

138 rotor. Zentrum für zeitgenössische Kunst: „Alphabet des anarchistischen Amateurs“. 22.9.–21.12.2019, https://rotor.mur.at/frameset_programm-ger.html

Darin wurden 51 künstlerische Arbeiten gezeigt, die sich mit dem gleichnamigen Text des Anarchisten Herbert Müller-Guttenbrunn auseinandersetzten.[139] Ohne auf die einzelnen Arbeiten hier eingehen zu können, war diese Schau als Ganze ein weiteres Beispiel für kritische Partizipation, also dafür, mit anarchistischer Kritik am Kunstbetrieb teilzunehmen. Diese Teilnahme am Kunstbetrieb hat, seitdem die impressionistischen Gemälde des Anarchisten Camille Pissarro (1830-1903) im staatlich organisierten Salon de Paris ausgestellt wurden, viele interessante Formen angenommen und diverse Wege eingeschlagen. Die Geschichte dieser Wege gilt es, sich zu vergegenwärtigen, auch und gerade weil sie der im Anarchismus in der Regel propagierten, kollektiven Selbstermächtigung jenseits bestehender Institutionen so gar nicht entspricht.
Müller-Guttenbrunn schrieb 1928 in ironischer Abgrenzung zum Bild vom Anarchisten als Mörder und Chaot, der einzige Mord, den er auszuüben gedenke, sei der „Mord am Schwachsinn“[140]. Und dazu, sollte man meinen, lassen sich Kunsträume doch allemal nutzen.

139 Herbert Müller-Guttenbrunn: *Alphabet des anarchistischen Amateurs*. Herausgegeben von Beatrix Müller-Kampel. Berlin: Verlag Matthes & Seitz 2019.

140 Zit. n. Beatrix Müller-Kampel: „Der aussichtslose Versuch, den Spiritus zu rektifizieren“. In: Müller-Guttenbrunn 2019, a.a.O., S. 282-293, hier S. 285.

25 Moral

Mikropolitik der Gerechtigkeit statt Besser-Werden

Der Schuster Martin van den Bergh war Anarchist. Als alter Mann noch arbeitete er im Kibbuz und reparierte Schuhe. Zum Rauchen nahm er die Sauerstoffmaske vom Gesicht, die ihm das Atmen erleichterte. Er hatte die Shoah überlebt, hielt Privateigentum für das Verderben der Menschheit und gab Esperanto-Unterricht. Er war ein gutmütiger Mensch, Vegetarier, seine Wohnung war mönchisch möbliert, kurz, er war moralisch integer wie es wahrscheinlich nur Anarchist*innen in der Literatur sind.

Martin van den Bergh lebt in einem Band von Erzählungen des israelischen Schriftstellers Amos Oz mit dem Titel *Unter Freunden*. Sollte ich einmal eine Studie über Anarchist*innen in der fiktionalen Literatur schreiben, würde sie mit Martin van den Bergh beginnen (wenn nicht mit Oskar Lubin, der in einem Roman von Salman Rushdie eine winzige Nebenrolle spielt). Eine Hypothese wäre: Wenn Anarchist*innen in der Literatur nicht schurkenhafte Bombenleger und verderbte, nur am eigenen Vorteil interessierte Individualistinnen sind, dann sind sie wie Martin van den Bergh. Und das heißt, sie sind moralisch durch und durch, verkörpern das Gute schlechthin, sind nett, zuvorkommend, großzügig. Denn sie setzen ihre hehren Ideale in der alltäglichen Praxis um. Die literarische Darstellung orientiert sich an der Ziel-Mittel-Relation, die die meisten Strömungen des Anarchismus auszeichnet: Wollen wir eine herrschaftsfreie Gesellschaft (Ziel), müssen wir sie auch in den Formen unseres politischen wie persönlichen Handelns (Mittel) schon so gut wie möglich vorwegnehmen. Mit den beschriebenen Eigenschaften, das muss erwähnt werden, sind die Anarchist*innen wie der Typus Martin van den Bergh in der fiktionalen Erzählung allerdings meist zum Scheitern verurteilt. Irgendwie ist die Welt dann doch immer zu schlecht, als dass sie mit ihrer Gutmütigkeit unbeschadet durchkommen würden. Oder es tun sich doch noch, anders als bei Martin van den Bergh, Abgründe auf. Verstoßene Kinder, Jugendsünden, Karrierismus, Sexismus, Leichen im Keller.

Schließlich ist es auch nicht so einfach, in einer ungerechten sozialen Umgebung die Gerechtigkeit und in einem Kontext voll von Herrschaft die Anarchie zu repräsentieren. Peter Kropotkin, einer der wohl wichtigsten anarchistischen Theoretiker*innen, hatte darauf gesetzt, dass sich moralisches Handeln in der Geschichte der Menschheit mehr und mehr durchsetzen und es somit auch immer leichter fallen würde. Kropotkin meinte in seiner beeindruckenden Geschichte der Ethik aufzeigen zu können, dass es keinerlei religiöser Grundlegung bedürfe, damit die Menschen sich nicht ständig hintergehen und sich gegenseitig die Köpfe einschlagen. Er glaubte stattdessen fest an ein in der Natur verankertes *„Bewusstsein der Gleichberechtigung"*[141], das sich irgendwann schon bahnbrechen würde.

Knapp einhundert Jahre nach Erscheinen seiner Schrift (und rund 120 Jahre nach deren Abfassung) deutet wenig darauf hin, dass Kropotkins anarchistischer Optimismus gerechtfertigt gewesen wäre. Zwar wird ohne Zweifel viel Gutes getan, sogar in politisch organisierter Form, also als Solidarität. Aber in der Natur, wenn denn bezogen auf menschliche Praxis überhaupt irgendetwas in ihr liegt, hat sich das Böse und Schlechte mindestens ebenso hartnäckig abgelagert wie das Gute. Im Alltag des sozialen Mit- und Gegeneinanders jedenfalls kommt es nicht weniger vor als in politischen Institutionen.

---

141 Peter Kropotkin: *Ethik. Ursprung und Entwicklung der Sitten.* [1923] Aschaffenburg: Alibri Verlag 2013, S. 322.

In mindestens einer Hinsicht bleibt Kropotkin allerdings aktuell. Indem er moralisches Handeln konzeptionell auf Gleichberechtigung bezieht, definiert er es als politisch relevant. Moral in Aktion ist dann nicht nur Barmherzigkeit und auch keine Befolgung gesellschaftlicher Konventionen. Sie ist stattdessen ein Handeln, das Gleichberechtigung verwirklichen helfen soll, also ein Schritt in Richtung Sozialismus. Die linke Abneigung gegen moralische Ansprüche sollte also durchaus überdacht werden. Denn Moral im Kropotkin`schen Verständnis ist nicht der christliche Befehl, sich zu bessern und auch nicht der kapitalistische Verwertungsaufruf, besser zu werden. Es geht vielmehr um die mikropolitische Installation sozialer Gleichheit. Zu streiten wäre allerdings darum, in welcher Form, in welchen Situationen und selbstverständlich auch mit welchen Korrekturinstanzen moralische Maßstäbe an Praxis angelegt werden sollten. Denn der Grat zwischen der einigermaßen konsequenten Umsetzung libertär-sozialistischer Ansprüche und dem repressiven Tugendwächtertum überzeugter In-Groups ist bekanntlich schmal.

Am Ende seines Lebens sagt Martin van den Bergh, „eigentlich sei auch der Tod ein Anarchist“[142], weil er keine Unterschiede in Stand und Rang anerkenne. So gesehen ist vielleicht nicht *auch*, sondern *allein* der Tod anarchistisch, weil das Leben niemals rein und stets widersprüchlich ist. Man würde wohl verrückt werden bei der Nicht-Anerkennung sämtlicher Unterschiede im Sozialen - davon abgesehen, dass es durchaus sinnvoll sein kann, beispielsweise die Differenz zwischen Expert*innen und Lai*innen anzuerkennen, etwa in medizinischer oder landwirtschaftlicher Hinsicht. Auch würde man wohl durchdrehen oder allzu diszipliniert leben müssen bei den Versuchen, ein moralisch total integres, also in Richtung Gleichberechtigung makelloses Leben zu führen. Stattdessen aber die moralische Dimension der Praxis für

142 Amos Oz: *Unter Freunden*. Berlin: Suhrkamp Verlag 2013, S. 211.

den politischen Kampf auszublenden oder sie als christlich-kapitalistischen Besserungsimperativ abzutun, umgeht bloß die entscheidenden Fragen nach einer von unten durchzusetzenden Gerechtigkeit.

26 Arbeit

Zwischen negationistischem und produktivistischem Tun

Die Maus Frederick aus Leo Lionnis gleichnamigem Kinderbuchklassiker von 1967 verweigert die Arbeit. Zumindest dem ersten Anschein nach. Während seine Artgenoss*innen fleißig Nüsse, Stroh und alles mögliche an Zeug sammeln, das sie für den Winter brauchen, sitzt Frederick nur rum und schaut in die Sonne. Wie sich später herausstellt, sammelt er Farben, Sonnenstrahlen und Worte, die er seinen Freundinnen und Freunden in den schweren Stunden des Spätwinters, als alle Vorräte aufgebraucht sind, auch zukommen lässt. Zu deren großem Vergnügen. Während Frederick sich erst gegen die gebrauchswertschaffende und abstrakte Arbeit zu wehren scheint, verrichtet er sie schließlich doch. Frederick ist ein Kreativarbeiter und taugt damit durchaus als Modellmaus für die gegenwärtige Ökonomie der westlichen Gesellschaften. Denn hoch geschätzt werden die kreativen Skills hier ebenso wie am Ende des Kinderbuches. Sie verhindern auch, dass die Leute angesichts ihrer sonstigen Armut durchdrehen, schaffen Ablenkung vom Leiden und bieten Trost.

Und noch in anderer Hinsicht ist der Fall Frederick paradigmatisch: Arbeit erscheint unter dem Kreativitätsaspekt vor allem als selbstbestimmte Weltaneignung. Diese Aneignung der Welt durch Arbeit hatte auch Karl Marx schon gesehen, allerdings noch ergänzt durch den Aspekt der Unterwerfung des Subjekts, der im Fall Fredericks ebenso wenig augenfällig ist wie beim Hipster, der seine gesammelten Farben, Sonnenstrahlen und Worte neben dem Latte Machiato-Pappbecher in seinem Laptop verwertet. Für den

Anarchismus ist diese Frederick-Sache ein Problem. Denn sie stellt grundlegende Annahmen infrage.

Vielleicht lassen sich zunächst grob zwei Strömungen in der anarchistischen Geschichte ausmachen, die quer zu anderen sinnvollen Unterscheidungen wie kommunistisch vs. individualistisch usw. liegen: der produktivistische und der negationistische Flügel.

Der produktivistische Anarchismus ist im Rahmen der Arbeiter*innenbewegungen zu verorten, kämpft um höhere Löhne, weniger Arbeitszeit, organisiert sich syndikalistisch, strebt selbstverwaltete Betriebe an. Und stellt bei all dem die Notwendigkeit von produktiver Arbeit nicht in Frage. Der Anarchosyndikalismus ist seine Repräsentantin. Der negationistische Anarchismus verweigert, boykottiert, sabotiert, ist mal ungehorsam mal passiv, er hat seine Ahn*innen in der Lysistrata des Aristophanes, die durch Sexstreik den Krieg zwischen Athen und Sparta verhinderte, in Henry David Thoreau (*Über das Recht zum Ungehorsam gegen den Staat*, 1849) und Paul Lafargue (*Das Recht auf Faulheit,* 1880) und er hat seine große Zeit in den Subkulturen der 1960er und 1970er Jahre. Aussteigen und Verweigern, darüber konnten sich sogar Hippies und Punks einig werden, wenn sonst schon über nichts.

Produktivistische und negationistische Strömungen standen nicht immer im Widerspruch zueinander, auch für den Anarchosyndikalimus etwa ist mit dem Streik eine Verweigerungstaktik zentral. Aber manchmal eben doch: Der Historiker Michael Seidman beschreibt in *Gegen die Arbeit* die Probleme der anarchosyndikalistischen CNT, ihre Mitglieder zum Arbeiten anzuhalten. Die „Gewerkschaftsaktivisten wollten, dass die Arbeiter ihre Rolle *als Arbeiter* enthusiastisch annehmen“[143]. Das wollten die aber oft gar nicht. Trotz selbstverwalteter

143 Michael Seidman: *Gegen die Arbeit. Über die Arbeitskämpfe in Barcelona und Paris 1936-38.* Heidelberg: Verlags Graswurzelrevolution 2011, S. 206.

Betriebe wollten sie häufig einfach lieber nicht arbeiten. Als verfassungsmäßiges Recht kam das „Recht auf Arbeit" im Realsozialismus oft einem Zwang zum Arbeiten gleich. Und David Peace lässt in seinem Roman *GB84* über die Bergarbeiterstreiks in England 1984/85 einmal Arbeiter auftreten, die das „Recht auf Arbeit" einfordern - es sind nicht die kämpfenden Kumpel, sondern die Streikbrecher![144] Sie wollen arbeiten und sich nicht von der Gewerkschaft den Streik diktieren lassen.

Das produktive Paradigma hat also im Wesentlichen zwei Haken: Es lässt sich ohne Repression nicht durchsetzen und/ oder es verkehrt sich ohne Weiteres in ein anti-emanzipatorisches Mittel. Pjotr Kropotkin bezeichnete das „Recht auf Arbeit" in *Die Eroberung des Brotes* (1919) daher schon weitsichtig als „günstigstenfalls ein industrialisiertes Zuchthaus"[145] und setzte ihm das Recht auf Wohlstand entgegen.

Das alles machte, historisch betrachtet, Frederick besonders attraktiv. Die Verweigerung der fließbandorientierten (Fabrik- und Büro-)Arbeit und die Suche nach Alternativen zu ihr wurde ab den 1960er Jahren zu einem echten Problem für das Kapital. Also reagierte es - Gregoire Chamayou etwa beschreibt in seinem Buch *Die unregierbare Gesellschaft* (2020) unterschiedliche Strategien, die auf Seite der Konzerne und des Managements diskutiert wurden, um gegen das Fernbleiben vom Arbeitsplatz, auf die an Fertigungsteile gelötete Haschpfeifen und auf die eigenmächtige Verlangsamung der Arbeitsabläufe vorzugehen. Durchgesetzt hat sich die Kooptation, das „neue Zauberwort lautete *Dialog*"[146]: Dabei ließen sich Informationen sammeln, Diskurse einhegen und

144 David Peace: *GB84*. München: Heyne Verlag 2014, S. 101.

145 Pjotr Kropotkin: *Die Eroberung des Brotes*. Berlin: Verlag Der Syndikalist 1919, S. 18.

146 Grégoire Chamayou: *Die unregierbare Gesellschaft. Eine Genealogie des autoritären Liberalismus*. Berlin: Suhrkamp Verlag 2019, S. 167.

die Bewegungen in Radikale und Gemäßigte spalten. Und Kooptation bedeutete auch: das Anstacheln und Abschöpfen der kreativen Potenziale der Lohnabhängigen. Die Kapitalstrategen sahen, ließe sich sagen, in Frederick einen produktiven Arbeiter. Der Neoliberalismus wurde weniger mit Gewalt durchgesetzt, als über die Aktivierung von Freiheits- und Kreativitätsvorstellungen. So ließen sich auch Mehrheiten wieder festigen. Mit gesammelten Sonnenstrahlen sein Auskommen bestreiten, das war attraktiv. Damit noch gefeiert zu werden und unterm Strich auch Geld zu verdienen, das wurde zu einem Modell, das von Venice Beach nach Silicon Valley führte, oder deutscher gesagt: vom Störtebeker, dem Punk-Schuppen in der Hamburger Hafenstraße zum Störtebeker, dem gediegenen Café in der Elbphilharmonie. Getrieben von der Kooptationsstrategie der Pfeffersäcke wurden die Freibeuter*innen nun nicht mehr geköpft, sondern integriert und eingeladen, selber kleine Pfeffersäckchen mit freibeuterischem Antlitz zu sein.

Während der produktivistische Anarchismus das Repressionsproblem nicht lösen konnte, steht der negationistische Anarchismus ratlos vor dem Kreatitivitätsproblem. Verweigerung ist, wo sie nicht als Aufgeben der Lebenstätigkeit total wird, produktiv geworden. Ihre kreativen Elemente, die vormals als Ausflucht und Alternative fungierten, sind allmählich - also mit der Umwandlung der Industriegesellschaft in eine Dienstleistungsökonomie - zu zentralen Systemstützen geworden.

Die Arbeitskämpfe können weder an den produktivistischen Pol anknüpfen, denn allein unter ökologischen Gesichtspunkten ist hier eine Grenze erreicht, ab der irgendwann nur noch Spätwinter ist wie in der Mäusehöhle und alle Ressourcen verbraucht sind. Noch können sie ohne Weiteres am negationistischen Pol andocken. Denn die kreative Verweigerung, die die Grenzen zwischen Arbeit und Freizeit auflöst, ist vom Kapital dankbar aufgegriffen worden. Es hat nach der Phase grauen Fabrikalltags gelernt, Sonnenstrahlensammlungen wie Farben und Worte zu lieben. Ein zeitgemäßer Postanarchismus sollte weder das eine noch das andere Problem ignorieren und stattdessen an diesem Dilemmata ansetzen.

27 Subversion

Tausende von Katzen, dickflockiger Schnee

„Wir wollten eine Katzendemonstration machen, sagte Ullrich, nachts durch die Villenviertel." Es ist die Zeit der Studierendenrevolten um 1968. Die Fronten innerhalb der Bewegung haben sich schon verhärtet, die Leute beschimpfen sich gegenseitig als Revisionisten, Seminarmarxisten, Arbeiterverräter (an geschlechtergerechte Schimpfnormen denkt noch niemand). Ullrich, der Protagonist aus Uwe Timms Roman *Heißer Sommer* (1974) wendet sich vom Diskutierklub im SDS-Keller ab und der antiautoritären Spaßguerilla-Fraktion zu. „Renate voran mit der schwarzen Fahne der Anarchie und hinter ihr Tausende von Katzen in allen Farben, schwarze, weiße, braune, gescheckte, auch einige Siamkatzen, die auf ihre bürgerlichen Privilegien freiwillig verzichtet haben"[147]. Seine bekiffte Phantasie weitet sich dann auf Tierdemonstrationen schlechthin aus, Tiere seien die Parias der Gesellschaft und das erbärmliche Schreien des Schlachtviehs werde die Bürger*innen aus ihrem Trott reißen. So sah es zumindest der Plan der Subversion vor, aufgegangen ist er nicht. Der Schock, die Idee des Wachrüttelns, des Unterlaufens von gewohnten Blickwinkeln, die Respektlosigkeiten gegenüber Autoritäten, das Bloßstellen ihrer Häkeldeckchenspießigkeit - das alles hat sich nicht nur abgenutzt. Um die „subversiven Bedeutungen von Stil"[148], von denen der Kulturwissenschaftler Dick Hebdige einst sprach und mit

147 Uwe Timm: Heißer Sommer. [1974] München: dtv 2018, S. 236f.

148 Pjotr Kropotkin. Ethik. Ursprung und Entwicklung der Sitten. Aschaffenburg: Alibri Verlag 2003, S. 261.

denen er Ausdrucks- und Verweigerungsformen gesellschaftlich untergeordneter Gruppen meinte, ist es schlecht bestellt. Dieses in den 1960er und 70er Jahren von Hippies, Provos und später Punks ständig benutzte und von den Cultural Studies untersuchte Aktionsrepertoire ist mindestens in der Midlife Crisis.
Spätestens nachdem einer der Kapitol-Besetzer*innen vom 6.Januar 2021 seine Stiefel auf den Schreibtisch von Nancy Pelosi, der demokratischen Vorsitzenden des Repräsentantenhauses, gelegt hatte, sollte über Subversion neu nachgedacht werden. Das Bild ging um die Welt, und es verdeutlicht einmal mehr die tiefe Krise der Subversionsidee. (Die Sympathiebekundungen John Lydons, des ehemaligen Sängers der Sex Pistols, für Donald Trump, sind nur ein weiteres Indiz für diese Krisenhaftigkeit). Die subversive Strategie der respektlosen symbolischen Übernahme, dazu gedacht, die Herrschenden bloßzustellen und ihre Herrschaftsrituale als verschleiernden Pomp zu kritisieren, der die Illegitimität ihrer Macht versteckt, sollte überdacht werden. Denn sie wird längst auch von Nazis benutzt, von rechten Spinnern und Verschwörungsphantast*innen aller Art. Nicht nur, dass Katzendemos niemanden mehr hinter der Gardine hervorlocken würden. Ihre Absicht lässt sich viel zu leicht ins Gegenteil verkehren. Emanzipation ist dem Tiergebrüll im Villenviertel ebenso wenig eingeschrieben wie den Stiefeln auf dem Repräsentantinnentisch.
Die Krise hatte sich schon abgezeichnet. Aus dem Lateinischen kommend – subvertere: umstürzen, verderben –, basiert die ganze Idee der Subversion auf der Vorstellung kleiner Grabungen an entscheidenden Stellen, die schließlich ein großes Ganzes zum Einsturz bringen. Eine kleine abweichende Minderheit nagt an der großen, ziemlich konsensual gedachten Norm. Ein paar bunte Hippies gegen die Masse grauer Anzugträger und ihre nicht viel farbenfroher gedachten Hausfrauen. Nur ist die Homogenität sozialer Normen und ihrer stilistischen Ausdrucksformen

längst dahin. Sicherlich auch als Nebeneffekt der Aufweichungen der „68er Jahre“, haben sich Lebensformen, Wertvorstellungen und die Auseinandersetzungen um ihre Legitimität vervielfacht. Es gibt kein homogenes Ganzes, dass sich durch ein paar angesägte Stelzen zum Einsturz bringen ließe. Im Gegenteil, viele kleine Unterschiede werden gefeiert, bestimmte Differenzen werden hofiert und gefördert, nicht unterdrückt. Nicht zuletzt sicherlich, weil sie ein Mehr an Verkaufszahlen generieren. Ullrich und Renate trinken ständig Jasmintee, was würden sie mit der Vielfalt des „Kraft und Stärke“-, „Wohlfühl“-, „Matcha-Green“-, „Night Time“-, „Frauenglück“-, „Kukurma Aktiv“- usw. usf. Teesortensortiments von heute anfangen?!
In einer zweiten Hinsicht zeichnete sich die Krise der Subversion schon seit Längerem ab. Dabei geht es nicht um das Gegenüber der Subversion, sondern es geht um sie selbst. Die Tradition der Subversiven Aktion, jener Gruppe gleichen Namens, die zwischen 1963 und 1966 für erheiternde Politspäße sorgte und die sich auch für Katzendemos begeistert hätte, ist ja nur ein Strang der Subversion. Neben dieser ethisch-politischen Linie ließen sich - mit dem belgischen Kunsttheoretiker Lieven De Cauter - noch zwei weitere Stränge von Subversion unterscheiden, nämlich die wissenschaftlich-theoretische und die künstlerisch-ästhetische. Alle drei können gemeinsam auftreten, müssen es aber nicht: Politische Subversion kann ästhetisch sehr konventionell sein, wissenschaftliche Umbrüche waren häufig politisch sehr enthaltsam und ästhetische Subversionen mussten keineswegs emanzipatorisch sein (wie etwa der Faschismus der Futuristen oder das Machotum der Beat-Literaten bezeugen können).[149] Der mit Ullrichs Katzenauflauf anvisierte Umsturz des großen Ganzen erwies sich doch als komplexe und kleinteilige Angelegenheit.

149 Timm 2018, a.a.O., 320.

Trotz beider, sich lange anbahnender Krisenmomente erlebte die Subversion als Begriff und Strategie Anfang der 1990er Jahre aber noch einmal ein Comeback. Gesellschaftliche Normen wurden innerhalb des entstehenden Queer-Feminismus als Regelhaftigkeit begriffen, die sich durch ständig wiederholende Praktiken etabliert. Was also lag näher, als die Wiederholungen zu stören und die Praxis zu variieren? Die Philosophin Judith Butler plädierte damals für eine „Strategie der subversiven Wiederholung [...]“[150] in der Hoffnung auf antipatriarchale Emanzipation. Es muss dabei weder von der einen konsensualen Norm als Systemstütze noch vom einheitlichen Nagen daran ausgegangen werden. Es gibt von beidem viele, eine Vielfalt an Normativitäten und eine große Bandbreite an veränderndem Klein-Klein.

Vielleicht lässt sich damit noch etwas reißen: Mit Mikropolitiken. Sollte aber trotz doppelter Krise an irgendeiner Form subversiven Potenzials im Sinne emanzipatorischer Veränderungen festgehalten werden, wäre die Abgrenzung zu den rechtsspinnerten Stiefeln auf dem Tisch die erste Aufgabe. Statt Respektlosigkeit wäre dafür wohl, auch wenn es bieder klingt, eine grundlegende „gegenseitige Achtung“[151] (Kropotkin) die Voraussetzung. Das Nieder- und Verächtlichmachen sollten wir den Rechten überlassen. Es hat der Linken auch nichts gebracht, im Gegenteil: Bei Uwe Timm folgen auf die Spaßaktionen der Proletkult und später das Ende der Bewegung in Form von immer mehr Fraktionen, die sich gegenseitig anschreien. Der heiße Sommer ist vorbei. Draußen schneit es. „Ein feuchter, dichtflockiger Schnee“[152].

(Für Izy)

---

150 Judith Butler: *Das Unbehagen der Geschlechter.* Frankfurt a.M.: Suhrkamp Verlag 1991, S. 216.

151 Pjotr Kropotkin. *Ethik. Ursprung und Entwicklung der Sitten.* Aschaffenburg: Alibri Verlag 2003, S. 261.

152 Timm 2018, a.a.O., 320.

28 Kritik

Freischwebend oder verwurzelt?

Es ist ein ermunterndes Fazit, das die Philosophin Ruth Sonderegger am Ende ihres Buches über Kritik zieht. Es besteht in nichts weiter als der These, „dass die Kritik lebt und ihr der Atem gerade nicht ausgegangen ist“[153]. Warum sollte sie nicht leben, lässt sich natürlich gleich fragen. Angesichts der menschengemachten ökologischen Katastrophe, angesichts wachsender sozialer Ungleichheit, angesichts von Gender Pay-Gap und Rassismus, angesichts der Herrschaft von Krawatte, Kompromiss und Kooptation scheint aus emanzipatorischer Sicht kaum etwas mehr zum Leben verdammt als die Kritik. Und dennoch war sie in der Krise - und ist es vielleicht stets.

Es gibt eine grundlegende Feindschaft gegenüber der Kritik, die schon Max Horkheimer 1937 in Bezug auf die verbreitete Abneigung gegenüber kritischer Theorie benannte: Sie richtet sich gegen die „verändernde Aktivität“[154], die feindliche Haltung gegenüber der Kritik ist also konservativ. „Wo es nicht beim Feststellen und Ordnen in möglichst neutralen, das heißt für die Lebenspraxis in den gegebenen Formen unerläßlichen Kategorien bleibt, regt sich sogleich ein Widerstand“[155]. Es ist der „Widerstand“ gegen Veggie-Day und geschlechtersensible Sprachregelungen, der sich nicht von der Kritik ins ansonsten total regulierte

---

153 Ruth Sonderegger: *Vom Leben der Kritik. Kritische Praktiken und die Notwendigkeit ihrer geopolitischen Situierung.* Wien: Zaglossus Verlag 2019, S. 356.

154 Max Horkheimer: „Traditionelle und kritische Theorie“. In: Ders.: *Traditionelle und kritische Theorie. Fünf Aufsätze.* Frankfurt am Main: Fischer Verlag 1992, S. 205-259, hier S. 249.

155 Ebd.

Leben pfuschen lassen will. Im Umkehrschluss lässt sich schon einmal festhalten: Kritik zielt auf Veränderung der Lebenspraxis. Und zwar deshalb, weil diese Lebenspraxis in kapitalistischen Gesellschaften in Herrschaft und Ausbeutung gebettet ist. Kritik ist also nicht das Herummäkeln am Wasserdruck der Urlaubsdusche, sondern Infragestellung von Lebensweisen.

Die Krise der Kritik wurde aber nicht durch ihre Feind*innen hervorgerufen, sondern entstand aus ihr selbst. Ihre eigenen Grundlagen wurden fraglich. Denn worauf gründet sie eigentlich? Wer kritisiert wen von welchem Standpunkt aus und mit welchem Recht? Die Kritik hatte im Wesentlichen zweierlei Basis. Beide Grundlagen der Kritik standen in der Geschichte der Linken immer im Wettstreit miteinander und waren auch schwer zu verbinden: Diese Basislager, von denen aus die Kritik formuliert wurde und von denen aus sie ihre Legitimität bezog, lassen sich erstens als Verwurzelung und zweitens als Draußensein beschreiben.

Die Wurzeln wollte die kritische Haltung gerne im Volk haben, also einerseits an der vermeintlich unter armen Bevölkerungsgruppen verbreiteten Meinungen und Ansichten, andererseits am Ziel der Abschaffung ihrer Armut ausrichten. Schon die russischen Narodniki (in etwa: Volksfreunde) in der zweiten Hälfte des 19. Jahrhunderts, obwohl selbst oft städtische Intellektuelle, verorteten sich in den Traditionen der bäuerlichen Kommunen und der Dorfversammlungen und sahen dort die Grundlagen ihrer sozialrevolutionären Gesinnung und Praxis. In dieser Bewegung machten auch, wie der Demokratie- und Populismustheoretiker Pierre Rosanvallon schreibt, wichtige Protagonist*innen des „Anarchismus und Marxismus [...] ihre ersten politischen Gehversuche“[156].

---

156 Pierre Rosanvallon: *Das Jahrhundert des Populismus. Geschichte - Theorie - Kritik*. Hamburg: Hamburger Edition 2020, S. 17.

Das „Volk“ (Lat: populus) ist ständiger und wichtigster Bezugspunkt aller Politik. Sie zieht ihre Rechtfertigung daraus, für das Volk und im Einklang mit ihm zu agieren. Aber ob auch die Kritik sich an ihm ausrichten sollte, ist durchaus umstritten. Denn was, wenn das Volk, das als solches selbstverständlich nie als einheitliches Ganzes existiert, gar nicht progressiv ist? Wenn es in großen Teilen lieber möchte, dass die Dinge so bleiben, wie sie sind? Wenn es aus Überzeugung reiche Autokraten wie Trump, Orban, Erdogan wählt? Hier sollte die Kritik doch zu einer Distanz fähig sein. Sie muss sich abnabeln von ihren Wurzeln im Volk, um überhaupt noch ihre Funktion des Anstoßes zu emanzipatorischen Veränderungen erfüllen zu können.

Dieses Problem, dass das Volk nicht unbedingt Trägerin der Emanzipation ist, führte letztlich auch zum zweiten Begründungsmotiv der Kritik, dem Außenstandpunkt. Die Möglichkeit des Draußenseins, der Abgekoppeltheit von den gesellschaftlichen Verbindungen und mit ihnen einhergehenden Positionierungen, wurde letztlich erst gegen Ende des 19. Jahrhunderts erfunden. Und zwar mit der Figur der und des Intellektuellen. Die Intellektuellen, die vorgeblich keine direkten Interessen unterworfen sind, die kein Feld zu beackern, keine Fabrik am Laufen zu halten und auch keinen universitären Betrieb aufrechtzuerhalten haben (weil sie, was meist unterschlagen wurden, in der Regel reiche Eltern hatten), waren die ersten, die für sich diesen Standpunkt außerhalb des Alltagsgeschäfts proklamierten. Diese Position wurde auch lebensweltlich verstanden und erfreute sich dann in den aufkommenden Sub- und Gegenkulturen großer Beliebtheit: Am Berg von Ascona zu Beginn des 20. Jahrhunderts, in den Hippie-Kommunen im San Francisco der 1960er Jahre und all den Versuchen, durch Stadt- und Staatsflucht dem ganzen entfremdeten, verdinglichten Scheiß zu entkommen. Aussteiger und Aussteigerinnen nannte man noch in den 1990er Jahren die Leute, die auf irgendeiner griechischen Insel Oliven anbauten oder im Valle Gran Rey auf Gomera ein Café betrieben. Raus aus dem kapitalistischen Normalbetrieb, sich auch mit Reformen nicht die Hände schmutzig machen, Kritik als Praxis vorleben - das war ein auch in anarchistischen Kreisen gerne und häufig formuliertes Modell (was leider, vielleicht auch dies typisch anarchistisch, wenig theoretisiert wurde). Problematisch daran ist, dass es in Wirklichkeit wohl gar kein so eindeutiges Gegenüber der Herrschaft gibt wie angenommen. Sicher lässt sich mit kleinerem ökologischen Fußabdruck, in vergleichsweise weniger hierarchischen Beziehungen, mit weniger entfremdeter Arbeit leben. Aber zum einen ist man deshalb noch lange nicht wirklich draußen, weder psychisch noch politisch. Die Klassen- und Geschlechterherkünfte lassen sich so leicht nicht abstreifen. Auch als Café-Betreiberin muss man Gewinn machen und sich mit dem Finanzamt herumschlagen. Ganz davon abgesehen, dass der ausgestiegene Geldtheoretiker ja vielleicht ein sexistischer Idiot ist, also die eine Konsequenz mit einer anderen Inkonsequenz in Sachen Herrschaftslosigkeit einhergeht. Macht und Widerstand gehen in komplexen Herrschaftsverhältnissen leider häufig ineinander über. Zum anderen ist dieses Modell auch als Kritikgrundlage bedenklich. Denn die Legitimität der kritisierten Inhalte wird dann nicht mehr an der Schlüssigkeit des Arguments gemessen, sondern an der lebenspraktischen, letztlich auch moralischen Glaubwürdigkeit ihrer Träger*innen. Vielleicht aber ist die Kritik der Universitätsangestellten oder der in der Bäckerei jobbenden Aktivistin viel fundierter, faktenbasierter, plausibler als diejenige der an abgelegenen Stränden kiffenden Hippies?

Sicherlich zeichnet sich jeder Anarchismus auch dadurch aus, dass er beides nicht trennt. Ziel und Mittel sollten aneinander gebunden sein, Lebenspraxis und politische Haltung in einem wie auch immer gearteten, vermittelten

Verhältnis zueinander stehen. Der kapitalismuskritische Börsenspekulant, die Intellektuelle, die das Privilegien-Verlernen predigt und dabei nur Erste Klasse fliegt, denen kann zu Recht Inkonsequenz und Unglaubwürdigkeit vorgeworfen werden, weil sie ihre Kritik nicht verkörpern. Umgekehrt sollte aber Verkörperung nicht die Voraussetzung für gültige Kritik sein (man muss nicht Schwarz sein, um glaubhaft und überzeugend etwas gegen Rassismus zu sagen).

Max Horkheimer hatte schon betont, dass Kritik weder „verwurzelt" sei wie faschistische Propaganda noch „freischwebend" wie die liberalistische Intelligenz.[157] Er setzte ganz auf die nicht-instrumentelle Vernunft, darauf also, dass der richtige Gedanke sich selbst in der falsch organisierten Wirklichkeit schlussendlich durchsetzen werde. Während er das schrieb, fand in Spanien ein Bürgerkrieg statt, der in vielerlei Hinsicht eines der Schlüsselereignisse für die Linke weltweit wurde - wegen des Kampfes gegen den Faschismus, wegen der Spaltung in libertären und stalinistisch-autoritären Sozialismus, wegen der Frage, ob die Macht in den Betrieben oder auch in staatlichen Institutionen übernommen und gesichert werden müsse usw. - und zu dem Horkheimer kein Wort zu sagen hatte.

Kritik, will sie wirklich „verändernde Aktivität" sein, muss aber auch an außerhalb des intellektuellen Diskurses stattfindende Kämpfe andocken. Das muss, in Erweiterung von Horkheimers Konzept, aus post-anarchistischer Position aus eingeklagt werden. Es geht um eine Kritik, die nicht bloß am Einsatz der Vernunft, sondern auch an den sozialen Kämpfen orientiert ist. Dazu muss sich weder verwurzelt noch freischwebend sein.

157 Horkheimer 1992, a.a.O., 240.

29 Utopie

Fernziel und kritischer Impuls

Ein Schiff sticht in See, Anfang Mai 2021. Den deutschsprachigen Medien ist das noch weitestgehend egal. Aber der *Guardian* berichtet. Und natürlich die vielen kleinen linken Zeitschriften, die über den Aufbruch der zapatistischen Delegation schreiben. Es ist die niederschmetternde Zeit der Pandemie, der Klimakatastrophe, es ist die Zeit des zu Ende gehenden „Progressismus" in Lateinamerika, es ist eine Zeit, in der die gesellschaftliche Linke im Westen kaum wahrnehmbar ist. Krise folgt Krise, doch es ist eine utopielose Zeit. Anarchist*innen waren immer für Utopien, sahen sich auch als ihre Prophet*innen. Der Anarchismus trage unzweifelhaft „utopische Züge"[158], sprach 1983 der Anarchosyndikalist Augustin Souchy dem *Spiegel* beispielhaft ins Diktiergerät, er sei das „Fernziel der Menschheit"[159]. In einem kürzlich erschienenen Buch mit Texten des 2010 verstorbenen, marxistischen Philosophen Bolívar Echeverría, ruft der Autor dazu auf, trotz der kapitalistischen und der staatlichen Prägung der Geschichte der Moderne, „herauszufinden, inwieweit die Utopie einer postkapitalistischen - sozialistischen? kommunistischen? anarchistischen? - Moderne noch realisierbar ist."[160] Echeverría versteht das Utopische als kritischen Impuls,

158 Augustin Souchy: „Fernziel Anarchie". In: Hans-Jürgen Degen: *‚Tu was du willst'. Anarchismus - Grundlagentexte zur Theorie und Praxis.* Berlin: Verlag Schwarzer Nachtschatten 1987, S. 251-257, hier S. 257.

159 Ebd.

160 Bolívar Echeverría: „15 Thesen zu Moderne und Kapitalismus". In: Ders.: *Für eine alternative Moderne. Studien zu Krise, Kultur und Mestizaje.* Hamburg: Argument Verlag 2021, S. 79-134, hier S. 89.

Kritik als Aufdecken von historisch möglich gewesenen Alternativen und von Potenzialen für die Zukunft.

Der zapatistische Aufstand – 1994 gegen Rassismus, Armut und Neoliberalismus begonnen und von Linken weltweit begeistert gefeiert – hatte nach der Hochphase der globalisierungskritischen Bewegungen Anfang der 2000er Jahre an Ausstrahlungskraft verloren. Die Erfolge der progressistischen Regierungen in Venezuela, Ecuador, Brasilien, Bolivien bei der Armutsbekämpfung, ihre Modelle der demokratischen Beteiligung der indigenen Bevölkerungsgruppen, die Ausweitung der Sozialprogramme durch Steigerung der Ressourcenausbeutung, das schien vielen näher als der Aufbau autonomer Infrastrukturen, wie sie die Zapatistas in den von ihnen kontrollierten Gebiete im Süden Mexikos praktizierten. Bei steter transnationaler Mobilisierung mit Kampagnen, Treffen, Symposien.

Jetzt sticht ein Schiff in See.: „Es geht um eine ‚Invasion'", sagt Subcomandante Moisés, Sprecher und politisch-militärisch Verantwortlicher der Zapatistas, „um Leben zu säen, um zu verstehen, dass der Kapitalismus in uns eingedrungen ist und dass wir alle aufwachen müssen"[161]. Good morning, Morgenröte, auch wenn wir nicht nur Dämmern, wer sollte diesen Wecker abstellen wollen? Es ist eine symbolische Aktion, großangelegt zwar, aber außer in kleinen linken Zirkeln und der unbeugsamen Unterstützungskreisen ohne Resonanz. Aber welche Utopie war schon von Beginn an ein Massenphänomen? Die Quantität derjenigen, die sie aufgreifen, ist kein Maßstab dafür, ob die Vorstellungen von einem anderen, einem noch nicht vorhandenen Ort (Griech.: u-topos), gut, inspirierend und wirksam sein können.

---

161 Zit. n. Luz Kerkeling: „Weckruf über Europa hinaus. Delegation der zapatistischen Befreiungsarmee will Alte Welt bewegen". In: *neues deutschland,* 04.05.2021, https://www.neues-deutschland.de/artikel/1151606.zapatistische-befreiungsarmee-weckruf-ueber-europa-hinaus.html

Die zapatistische Aktion, das sei gegenüber aller Indigena-Nostalgie betont, ist keine Rückkehr zu „indigenen Traditionen". Die Indigenen - die überhaupt erst zu „Indigenen" wurden, als die Exogenen kamen -, waren keine Seefahrer*innen und hatten auch noch keinen Frauenanteil von 75 Prozent in ihren politischen Gremien. Die zapatistische Bewegung kombiniert uralte und lokal geprägte mit brandneuen Weltsichten einer globalen Linken, die sich dem Kampf gegen die verschiedensten Diskriminierungsformen widmet, um in Richtung Noch-Nicht zu navigieren. Und das mit Geschichtsbewusstsein: Fünfhundert Jahre nach der Eroberung Mexikos, dem Sieg der Truppen Hernan Cortés' über Tenochtitlan 1521, brechen diese Leute auf für eine Welt ohne Eroberungen.
Mit dieser zapatistischen Reise setzt zweifelsohne auch ein utopisches Moment wieder die Segel. Gerade weil es so ein irres Unterfangen ist, ein störrisches und waghalsiges, charmantes und vielleicht sogar albernes, auf jeden Fall ein irritierendes. Denn, nur um beim einmal Zitierten zu bleiben, so hat es der Philosoph Echeverría auch pointiert formuliert: „Beharren, ohne aufzuhören zu improvisieren; unbeirrbar sein, aber auch wandelbar; der eigenen Stärke trauen, aber auch dem Zufall: All das sind Tugenden zapatistischer Politik, die nicht leicht in eine politische Kultur wie die europäische zu integrieren sind"[162]. Dabei wäre eine solche Integration durchaus denkbar. Schließlich sieht Echeverría die Bedeutung des zapatistischen Aufstands gerade darin, die Beschaffenheit und Verfasstheit des modernen Nationalstaates infrage zu stellen. Damit sind nicht Sozialleistungen und Umverteilungspolitiken gemeint, die sozialen Errungenschaften, die sich in staatlichen Institutionen auch abgelagert haben. Sondern damit ist die hierarchische Organisation des Sozialen gemeint, das

162 Bolívar Echeverría: „Chiapas und die unvollendete Eroberung. Gespräch mit Carlos Antonio Aguierre Rojas". In: Ders. 2021, a.a.O., S. 27-44, hier S. 43.

Delegieren von Entscheidungen an Verfahrensträger*innen, der Schutz des Eigentums zugunsten derjenigen, die über die Produktionsmittel verfügen, und nicht zuletzt die ganze zielgerichtete Entwicklungslogik der Moderne, die zwar seit einigen Jahren ihre Toleranz gegenüber der Differenz feiert, für tatsächlich ab- und ausschweifende Lebensformen aber keinen anderen Raum zulässt als kontrollierte Reservate.

Die Utopie muss kein ausgeschmückter Roman mit formal vollendeten Zukunftsaussichten sein. Sie kann auch als kleines Segelschiff über den Atlantik treiben, sie kann als kritischer Impuls gegenüber dem Einsickern der Verwertungslogik, der Ungleichheit und des Effektivitätsfetischs, also des Kapitalismus, in alle Lebensbereiche fungieren. Also: Leinen los!

30 Ökologie

Vom Bundeswehr-Parka zum Consciousness-Punkt

Vor der Schule stand ein alter VW-Bus. Drinnen gab es einen Fernseher mit Videorecorder, auf dem Parkplatz wurden Stelltafeln aufgeklappt. Die Klassen teilten sich in Kleingruppen auf und ließen sich von einem rauschebärtigen Hippie im Norweger-Pulli einen Film über das Waldsterben zeigen, auch um die Wale stand es schlecht. In die Wege geleitet worden war das Ganze wohl von einer oder einem unserer 68er-Lehrer*innen, der Öko mit dem kratzigen Pullover gehörte einer Organisation an, die sich Greenpeace nannte. Das war Mitte der 1980er Jahre. In der Projektwoche erklärte uns ein Förster, warum die Bäume alle kaputt gingen. Ursache dafür waren noch nicht die durch zunehmende Trockenheit ausgelösten Waldbrände, die in den letzten Jahren zum klimakatastrophischen Alltag gehören. Es ging um verdreckte Niederschläge, wir waren die Generation Saurer Regen. Wobei Generation hier (wie übrigens auch in Bezug auf 1968) eigentlich das falsche Wort ist, denn es waren halt nur wenige, die das alles überhaupt tangierte. Zumindest bei uns auf dem Gymnasium interessierten sich mehr Leute für Tennis als für Luftverschmutzung. Aber spätestens nach dem Reaktorunfall in Tschernobyl 1986 war das Umweltthema in aller Munde, die konservative Kohl-Regierung gründete das erste Umweltministerium in der BRD. Bei der Bundestagswahl im Januar 1987 legten die Grünen immerhin 2,7 Prozent zu und zogen mit 8,3 Prozent der Wähler*innenstimmen ins Parlament ein. Auch Ökosozialist*innen wie Jutta Ditfurth und

Thomas Ebermann gehörten noch zur Partei, die tief im alternativen Milieu verankert war. In der Theorie wiesen Ökofeministinnen seit den 1970er Jahren auf die Strukturähnlichkeit in der Ausbeutung von Natur und von Frauen hin und betonten, dass und inwiefern Frauen weltweit in besonderer Weise von der Umweltzerstörung betroffen sind. Das Wort Nachhaltigkeit war allerdings noch nicht in den allgemeinen Sprachgebrauch eingesickert.

In anarchistischen Kreisen gab es immer wieder ausführliche Diskussionen darüber, ob und wenn ja, unter welchen Bedingungen mit den Grünen zusammengearbeitet werden sollte. Nehmen wir nur mal den ökologischen Aspekt (und lassen Antimilitarismus, Feminismus und soziale Frage außer Acht), gab es hier im Wesentlichen schon die Konfliktlinien, die uns die Klimakatastrophe - die also, so eine Subbotschaft dieser Glosse, alles andere als überraschend kam - auch heute noch beschert. Im Prinzip war mit dem Kapitalismus keine „sozialökologische Transformation der Industriegesellschaft" (dafür plädierten die Grünen damals) zu machen. Eine an Profiten und damit an ökonomischem Wachstum ausgerichtete Politik ist per se zerstörerisch. „System Change, not Climate Change", der systemkritische Slogan der Gegenwart, gedacht wurde er damals schon. Und zwar auch mit den Klassikern, das hebt etwa Rolf Cantzen in seiner Studie *Weniger Staat, mehr Gesellschaft. Freiheit - Ökologie - Anarchismus* schon hervor, die 1987 erstmals erschien.[163] Cantzen erkennt hier bei Piotr Kropotkin und Gustav Landauer eine „ökologische Sensibilität"[164], die die Natur nicht als ausbeutbares Etwas begreift, das bedingungslos zu unterwerfen ist. Es ist eine bestimmte Haltung, die in der Weigerung gegenüber der Ausübung von Herrschaft - wem auch immer gegenüber - besteht, in dem das anarchistische Denken mit

163 Rolf Cantzen: *Weniger Staat, mehr Gesellschaft. Freiheit - Ökologie - Anarchismus*. Grafenau: Trotzdem Verlag 1995, 2. Aufl.

164 Ebd., S. 185.

seinem antihierarchischen und dezentralen Impetus „der Ökologie entgegenkommt“[165].

Keinesfalls ausgemacht war allerdings, auf welchem Weg die sozialistisch-ökologische Gesellschaft erreicht werden sollte. Subsistenzwirtschaft in Kommunen aufziehen oder Steuern auf Emissionen durchsetzen? Direkte Aktion gegen Atomtransporte oder Zusammenarbeit mit den Grünen gegen die Atomlobby? Während man sich traditionsanarchistisch eher nicht in bestehenden Institutionen die Hände schmutzig machen und an totaloppositioneller Praxis festhalten will, ist Postanarchismus tendenziell aufgeschlossen für Kompromisse. Denn die Umsetzung einer Reinheit der Lehre braucht auch in ökologischen Fragen Mehrheiten, die es in der Regel nicht gibt. Schließlich würde eine ökologisch ausgerichtete Sozialordnung Verzicht bedeuten, den viele nicht zu leisten bereit sind: keine Erdbeeren im November, keine Flüge in den Urlaub, kein Fleisch in der Kantine. Auch Verzicht, den viele sich nicht leisten können, weil ihre ökonomische Situation sie zu Klamotten mit fettem ökologischem Fußabdruck zwingt.

Kompromisse sind nicht zuletzt deshalb gefragt, weil uns angesichts der real existierenden Klimakatastrophe die Zeit davonläuft. Darauf zu warten (bzw. langfristig darauf hinzuarbeiten), dass irgendwann doch noch alle auf den antistaatlichen, antikapitalistischen, sozialökologischen Trichter kommen, kann angesichts der Erderwärmung keine Option sein. Aber Kompromisse kommen nicht unbedingt einem Verrat an der emanzipatorischen Sache gleich. Sie können sich auch in der Tradition früherer Kompromisskonzepte wie Rosa Luxemburgs „revolutionärer Realpolitik“ oder André Gorz‘ „revolutionärer Reformen“ formieren und einen Übergang skizzieren. Sie sollen das ganz Andere in kleinen Schritten vorbereiten und den Weg dorthin zugleich absichern.

165 Ebd., S. 217.

Das Problem ist selbstverständlich, dass „systemüberwindende Reformen“[166], auf die auch Rolf Cantzen setzte, häufig zu systemerweiternden Reformen werden. Dass aus der ehemaligen „Anti-Parteien-Partei“ ein Sammelbecken des neuen Bürgertums wurde, ist auch der Effekt geschleifter Radikalität. Wir wären keine Anarchist*innen, wüssten wir nicht auch: Jede Reform kann die Herrschaftsverhältnisse stabilisieren, insofern sie Gegensätze abschwächt und damit auch soziale Bewegungen spaltet (Fundis vs. Realos). Die Gegenstrategie, Gegensätze zuzuspitzen, um den großen Knall herbeizuführen, hat sich allerdings auch nicht gerade als erfolgsversprechend erwiesen. Nicht nur das: Sie führt auch zu zynischen Haltungen, die soziale Verelendung oder eben ökologische Verwüstungen in Kauf nimmt, damit sich endlich etwas Grundlegendes tut (was sich tatsächlich aber selten bewahrheitet, weil die Quantität von Not und Zerstörung kein Indikator für Mobilisierungen ist). Eine Politik der kleinen Schritte und solcher Reformen, die auf Systemüberwindung abzielen, wirken auch dem Zynismus entgegen. Sie bleiben aber widersprüchlich.

Schließlich ist es auf jeden Fall besser, wenn Müll getrennt statt in den Wald gekippt wird und erneuerbare statt fossile Energiequellen genutzt werden. Selbst wenn die Wirtschaftsbosse auf Nachhaltigkeit und grüne Technologien setzen, ist das ökologisch betrachtet besser, als wenn sie Autoindustrie und Atomkraftwerke forcieren, auch wenn das die neoliberale Standortlogik nicht anrührt. Dass Modelabels heute mit Nachhaltigkeit werben, sollten wir auch als Effekt der Ökologiebewegung und zunehmenden ökologischen Bewusstseins verbuchen, auch wenn es – „#WearTheChange“ (C&A) – den falschen Eindruck erweckt, mit Massenkonsum ließe sich Klimagerechtigkeit erkämpfen. Schließlich ist auch die Vorstellung, der Greenpeace-Hippie ginge nach dem Vortrag übers Waldsterben zu H&M, um sich beim Einkauf

166 Ebd., S. 222.

neuer Klamotten ein paar „Consciousness-Punkte für einen nachhaltigen Lebensstil" (H&M) zu sammeln, ziemlich absurd. Daran wird vielleicht auch deutlich: Das war es nicht, weshalb Leute in Wollpullis und ausrangierten Bundeswehr-Parkas damals vor die Schulen zogen. Es ging - und geht - um viel, viel mehr. Um andere, umweltverträgliche und sozial gerechte Lebensweisen.

31 Ästhetik

Oder: Wenn man einen Riss an sich erfährt

Keine der Frauen, die hier arbeiten, hat auch nur eine Stirnfalte. Egal welchen Alters. Viele haben auch so Lippen, die aussehen wie die Würste, die meine Kinder früher aus Knetgummi gerollt haben. Auf Bildschirmen wird gezeigt, wie merkwürdige Muster auf Gesichter gezeichnet werden. Sie nennen all das Ästhetik. Die Praxis meiner Hautärztin macht den Eindruck, auf dem neusten Stand der Technik zu sein. Auf der Homepage kann man wählen zwischen „Ästhetik Gesicht" und „Ästhetik Körper" mit jeweils diversen Unterpunkten. Dass Ästhetik etwas mit „sinnlicher Wahrnehmung" zu tun hat, hieß es immer definitorisch in den entsprechenden kunstphilosophischen Betrachtungen, und das stimmt ja auch hier. Einzig wenn „man einmal einen Riß an sich erfahren hat"[167], schrieb etwa Theodor W. Adorno, sei die Beschäftigung mit Ästhetik gerechtfertigt. Nun rief der Kritische Theoretiker ganz sicher nicht dazu auf, sich „Mesotherapie und Hyaluronsäure" (Homepage Hauärztin) anzuvertrauen - was auch immer das sein mag - oder auf „Straffer Hals mit Fäden" (ebd.) zu setzen. Aber schon in Adornos Vorlesungen ist die Ästhetik irgendwie ein krisenmotiviertes Unterfangen: Man tritt dem Gegenstand, meist als Kunstwerk bezeichnet, gegenüber wie dem alternden Selbst im Spiegel und fragt sich: „Ja, was soll das alles, wozu ist das da, was sagt das?"[168]

167 Theodor W. Adorno: *Ästhetik* (1958/59). Frankfurt am Main: Suhrkamp Verlag 2009, S. 34.
168 Ebd.

Ästhetik streift existenzielle Fragen, ob sie nun den Umgang mit Kunst oder mit dem eigenen Körper meint. Es ist insofern auch merkwürdig, dass anarchistische Theorie sich kaum mit ihr befasst hat (meines Wissens zumindest). Herbert Read (1893–1968), der anarchistisch gesinnte Kunsthistoriker, hat über den Kunstgenuss einmal geschrieben, dass er von der „Erziehung der Sinne“[169] abhänge. Das soll heißen, dass Schönheitsempfinden und Kompetenz in Sachen Kunst gleichermaßen nicht naturgegeben sind, sondern durch Bildungsprozesse erst hervorgerufen werden. Der Soziologe Pierre Bourdieu meinte deshalb, dass sinnliche Erfahrung sowieso kein allgemein menschliches Phänomen ist, sondern immer ein Klassending: Der Zugang zum Rüstzeug für Schönheitsempfinden und kompetente Urteile in Formfragen ist extrem ungleich verteilt. Die Ästhetik der verschiedenen Klassen sei daher letzten Ende bloß „eine Dimension ihrer Ethik“[170]. Es wird (ästhetisch) schön gefunden, was als (moralisch) gut gilt. Und was wir schön und gut finden, wird uns antrainiert. Dieses Training wiederum, ergänzt die Philosophin Judith Butler, ist eines, das „nach institutioneller Unterstützung verlangt“[171], wenn es wirksam werden will. Was sinnlich wahrgenommen wird, unterliegt gesellschaftlichen Normen und die sind historisch eingerichtet, also institutionalisiert worden.

Das weiß die Schönheitsindustrie vielleicht sogar besser als jede/r andere. Dass Hautärztinnen heute nicht nur Leberfleckkontrolle, sondern auch gesundheitsirrelevante operative Eingriffe anbieten, ist Folge der Ökonomisierung aller Lebensbereiche und Effekt sich wandelnder

169 Herbert Read: „Vom Kunstgenuß“. In: Ders.: *Die Kunst der Kunstkritik und andere Essays zur Philosophie, Literatur und Kunst*. Gütersloh: Siegbert Mohn Verlag 1957, S. 328-333, hier S. 332.

170 Pierre Bourdieu: „Elemente einer soziologischen Theorie der Kunstwahrnehmung“. In: Ders.: *Zur Soziologie der symbolischen Formen*. Frankfurt am Main: Suhrkamp Verlag 1974, S. 159-201, hier S. 168.

171 Judith Butler: *Wenn die Geste zum Ereignis wird*. Wien/ Berlin: Verlag Turia + Kant 2019, S. 46.

Schönheitsideale zugleich. Die Arbeit am Körper, zu der Frauen in den westlichen Gesellschaften schon lange und prinzipiell ungleich mehr als Männer genötigt sind, ist in den letzten Jahrzehnten zum allgemeinen Imperativ geworden: Der Historiker Philipp Sarasin setzt diese Verallgemeinerung in seinem tollen Buch über das Jahr 1977 mit der Schauspielerin Farrah Fawcett-Majors („Drei Engel für Charlie") und mit Arnold Schwarzenegger an.[172] Die beiden verkörpern - im wahrsten Sinne des Wortes - die Vereinnahmung des Do It Yourself-Prinzips durch die Massenkultur ebenso wie die Vorstellung, den eigenen Körper zum Kunstwerk machen zu können. Und zu müssen. Die „sinnliche Wahrnehmung" ist so gesehen immer auch in Gewaltverhältnisse verstrickt: Sie wird nicht harmlos und gewaltfrei geprägt und hat auch keine neutralen Effekte, sondern mehr oder weniger zwingende.

Es lässt sich nun leicht darüber spotten, dass selbst nach allen herrschenden Schönheitsnormen als gutaussehend geltende Menschen wie Mia Farrow und Mickey Rourke sich durch angewandte „Ästhetik" dermaßen entstellen lassen. Sie gehorchen aber wohl in erster Linie einem Diktat, in dem DIY und Kunst zusammenfallen. Sie wissen, wenn sie positiv wahrgenommen werden wollen, müssen sie an sich arbeiten (lassen). Ist die alters- oder wie auch immer bedingte Krise einmal da („Ja, was soll das alles, wozu ist das da, was sagt das?"), wer würde dem Verfall und dem negativen Urteil anderer nicht entgegensteuern wollen?!

Oder lässt sich ihm entkommen? Sinnlich wahrgenommen zu werden ist wohl ebenso unumgänglich wie sinnlich wahrzunehmen (was im Übrigen nicht nur Kunst, sondern auch alles andere betrifft). Kifft und trinkt man sich die Augenpartie faltig und den Bauch gewölbt, werden die gesellschaftlichen Sphären, in denen auch körperliche Anerkennung gelingt, kleiner. Übertreibt man es mit Botox

172 Philipp Sarasin: 1977. *Eine kurze Geschichte der Gegenwart.* Berlin: Suhrkamp Verlag 2021, S. 396ff.

to go, ebenfalls. Legt man es also auf möglichst breite Akzeptanz (etwa zwecks Erleichterung des Alltags und letztlich auch zwecks politischer Bündnisse) an, bleibt nur ein ständiges Austarieren zwischen Arbeit an sich selbst und Kontrollverlust, zwischen Selbstdisziplin und Scheißdrauf. Aus einem anarchistischen Impuls heraus der Ästhetik als künstlichem Gestalten eine irgendwie geartete Natürlichkeit entgegenzuhalten, erscheint jedenfalls mehr als unbefriedigend. Denn im Sozialen gibt es nur Gestaltetes, Natur liegt allein in bearbeiteter Form vor. Das gilt auch für fettiges Haar und Räume, die nach ayuverdischer Gesichtscreme riechen. Statt die Natur in Anschlag zu bringen, muss es vielmehr darum gehen, die körperliche Handlung ohne direkte Aussage – bei Judith Butler in Anlehnung an Adorno „Geste" genannt – als „unbeherrschbare Arbitrarität"[173] zu begreifen. Unbeherrschbar – das dürfte ja anarchistische Herzen erfreuen –, weil regulierende Normen eben nie total sind. Und arbiträr, also willkürlich oder beliebig, weil solche Gesten in ihrer Bedeutung niemals hundertprozentig festgelegt sind.
Jetzt scheint es allerdings erstmal schwer vorstellbar, die Knetgummilippe *nicht* als Unterwerfung unter die Next Top Modell-Doktrin zu lesen. Aber Ästhetik heißt eben nicht, das Schöne auf den Begriff zu bringen. Vielmehr geht es darum, ließe sich im Anschluss an Adorno (unter Absehung seiner Vernarrtheit in das Kunstwerk) sagen, Prozesse der sinnlichen Erfahrung zu entwickeln. Das wäre doch auch eine Aufgabe für postanarchistisch gesinnte Aktivist*innen, sobald sie von der Hautärztin wieder zurück sind.

173 Butler 2019, a.a.O., S. 57.

32 Lifestyle

Schlechter Ruf, gute Tradition

Die „uniforme Lebensart des Philisters“[174], der Spießerinnen und Spießer, sie war immer wieder Zielscheiben anarchistischer Kritik. So nahm etwa der Dichter, Journalist und Anarchist Erich Mühsam die Lebensart der Bürger*innen aufs Korn und setzte ihr den Lifestyle der Bohèmiens entgegen. Aus „Wut gegen den vertrottelten Konventionsdrill“[175] entwickelten sich andere, unkonventionelle Formen des Lebensstils. Mühsam kombinierte seine Kritik an der Lebensart und die Idee, aus ihr auch praktische Konsequenzen zu ziehen, zwar mit dem Aufruf zum Klassenkampf. Aber insgesamt hat der Lifestyle in der Linken keinen guten Ruf. In den 1980ern verband man ihn mit Oberflächlichkeit und Golf GTI, dem Lifestyle haftet der Makel des Unauthentischen und Tumben an. Wer auf Lifestyle setzt oder einen pflegt, dem oder der geht es angeblich nicht ums Wichtige und Wesentliche. Deshalb ist es auch so bitter, als „Lifestyle-Linke/r“ beschimpft zu werden und deshalb wird auch der „Lifestyle-Anarchismus“ als Selbstbezeichnung sich nicht durchsetzen.

Zuletzt hatte Sahra Wagenknecht in ihrem Buch *Die Selbstgerechten* über die „Lifestyle-Linke“ geschimpft. Sie meint damit großstädtische, akademische Milieus, die sich um gendersensible Sprache kümmern und einen gelebten Kosmopolitismus pflegen. Ein Großteil der Wähler*innenschaft der Partei *Die Linke* also. Wagenknecht

174 Erich Mühsam: „Bohème“ [1906]. In: Ders.: *Fanal. Aufsätze und Gedichte 1905-1932*. Berlin: Verlag Klaus Wagenbach Verlag 1984, S. 44-49, hier S. 48.

175 Ebd.

aber bekämpft sie, weil diese urbanen Kosmopolit*innen nicht nur individualistisch und intolerant, sondern auch an sozialer Gleichheit nicht mehr interessiert seien. Statt für soziale Gleichheit seien sie „für Quoten und Diversity"[176], als wenn sich das ausschließen würde. Obwohl sie selbst „von einem aufgeklärten Konservatismus lernen"[177] möchte, wirft sie den vermeintlich selbstgerechten Lifestyle-Linksliberalen letztlich vor, nicht mehr links zu sein.

Eine Abkehr von der Frage danach, wie Gesellschaft als ganze transformiert und welche Organisationsformen dafür zu wählen seien, hatte auch die Öko-Anarchistin Janet Biehl vor mehr als zwanzig Jahren schon dem „Lebensstilanarchismus" vorgeworfen. Sie verteidigt dabei den libertären Kommunalisten Murray Bookchin, der im „Lebensstilanarchismus" eine Abwendung von der revolutionären Tradition und ein Abtauchen in einen subkulturellen Kult der Selbstdarstellung sah. Wie Wagenknecht sah schon Biehl im positiven Bezug auf „Lifestyle" eine individualistische Tendenz am Werk, die schließlich auch nicht mehr links sei: „Lebensstilanarchismus", schrieb Biehl in der *graswurzelrevolution*, „ist symptomatisch für die fast überall vorhandene verheerende Strömung nach rechts"[178].

---

176 Sahra Wagenknecht: *Die Selbstgerechten. Mein Gegenprogramm - für Gemeinsinn und Zusammenhalt.* Frankfurt am Main/ New York: Campus 2021, S. 12.

177 Ebd., S. 17.

178 Janet Biehl: „Sozial- oder Lebensstilanarchismus? Eine Antwort auf die Kritik am Libertären Kommunalismus". In: *graswurzelrevolution,* Nr. 238, April 1999, https://www.graswurzel.net/gwr/1999/04/sozial-oder-lebensstilanarchismus/

Die in der Februar-Ausgabe zuvor geäußerte Kritik am Ansatz von Murray Bookchin, das sei nur in der Fußnote erwähnt, kam von mir. Biehls Erwiderung referierte allerdings vor allem die US-amerikanische Debatte und ging ziemlich an meiner Kritik vorbei, die vor allem auf den Absolutheitsabspruch von Bookchins Ansatz und auf dessen Naturalisierungen des Sozialen zielte, vgl. Oskar Lubin: „Der citoyen als Protoanarchist. Im Libertären Kommunalismus steht die Stadt für Basisdemokratie und die USA als ideeller Heimatspender zur Verfügung".

Tja. Der Lifestyle wird also zum Verbannungsurteil. Wer sich mit ihm beschäftigt oder ihn kultiviert, soll aus dem vielfältigen Universum des Linksseins ausgeschlossen werden. Das ist natürlich harter Tobak und fordert zur Gegenrede heraus.

Zunächst einmal sollte unterschieden werden zwischen der analytischen Beschäftigung mit Lifestyle auf der einen und seiner als praktisch-politisch verstandenen Pflege auf der anderen Seite. Was die Analyse betrifft, ist in der soziologischen Debatte spätestens seit Pierre Bourdieus Studie *Die feinen Unterschiede* (1979, Dt. 1982) klar, dass Lebensstile nicht nur Klassen repräsentieren, also milieuspezifische Gewohnheiten zum Ausdruck bringen, sondern auch Klassen reproduzieren, sie also auch stabilisieren. Auf dem Golfplatz und im Sterne-Restaurant vergewissern sich die Reichen ihrer abgegrenzten Existenz, insgesamt verweisen Möbel, Mampf und Markenschuh die Menschen auf ihre gesellschaftlichen Plätze. Sich mit Lifestyle zu beschäftigen, kann demnach auch heißen, die kulturelle Dimension von Herrschaft zu adressieren. Einen Lebensstil zu pflegen, kann in diesem Sinne auch bedeuten, verschiedene Versuche zu unternehmen, Bestehendes eben nicht zu reproduzieren, sondern dagegen aufzubegehren. Das wären also die praktisch-politischen Schlussfolgerungen aus dieser Analyse. Sie waren in der Tat häufig der Ansatz politisierter Subkulturen. Erich Mühsam und die Bohème Ende des 19. und zu Beginn des 20. Jahrhunderts legen davon diverse Zeugnisse ab. Aber auch die Cultural Studies der 1970er erkannten das: *Resistance through rituals*[179] (Widerstand durch Rituale) war der programmatische Titel eines Sammelbandes, der den emanzipatorischen

---

In: *graswurzelrevolution*, Nr. 236, Februar 1999, https://www.anarchismus.at/texte-anarchismus/libertaerer-kommunalismus/6149-oskar-lubin-der-citoyen-als-protoanarchist

179 Stuart Hall/ Tony Jefferson (Hg.): R*esistance Through Rituals. Youth Subcultures in Post-War Britain* [1975]. London: Routlegde, 2. Aufl. 2006.

Potenzialen von Lebensstilelementen in jugendlichen Subkulturen nachging.

Potenziale ist aber auch das entscheidende Stichwort: Nicht jeder Stil und jede Geste entfalten automatisch widerständige Kraft in sozialer Hinsicht. Die Pflege von Bärten und Balkonpflanzen, die Beschäftigung mit biologischer Landwirtschaft, nachhaltigem Konsum und ein bisschen Hanf und Hygge machen noch keine sozialrevolutionäre Haltung, ein autonomes Outfit macht noch keine selbstverwaltete Gesellschaft. Allerdings: Hat das jemals jemand wirklich geglaubt? Gibt es die Lifestyle-Linke überhaupt? Es scheint sich wohl doch eher um einen Schmähbegriff zu handeln, der andere denunzieren soll. Indizien für eine Linke, die ernsthaft behauptet, allein über den stilistischen und formalen Gebrauch von Konsumgütern ließen sich gesellschaftliche Transformationen herbeiführen, werden sich kaum finden lassen. Was es aber mit Sicherheit gibt, sind Linke, die den Lebensstil für gesellschaftspolitisch relevant halten. Die Politikwissenschaftler Ulrich Brand und Markus Wissen beispielsweise sprechen von Lebensweise (statt Lebensstil), um der Art und Weise des Gütergebrauchs ihre individuelle Schlagseite zu nehmen. Ähnlich wie Bourdieu meinen sie, dass es kollektive Lebensstile oder eben Lebensweisen gibt, die politische, ökonomische und soziale Verhältnisse stützen und Ungleichheiten vertiefen. Brand und Wissen sprechen in Bezug auf Nordamerika und Westeuropa von einer „imperialen Lebensweise“[180]: Wie wir hier leben, hat Auswirken auf das Leben anderer. Ressourcenverbrauch und Ausbeutung anderswo werden vertieft, das ist wohl nicht zu leugnen, je mehr Avocados hier gegessen, je mehr iPhones weggeschmissen und je mehr SUVs hier gefahren werden. Je verschwenderischer der Lebensstil im globalen Norden,

---

180 Ulrich Brand/ Markus Wissen: *Imperiale Lebensweise. Zur Ausbeutung von Mensch und Natur im globalen Kapitalismus.* München: Oekom Verlag 2017.

desto schlechter geht es anderen und desto stärker wird die Natur belastet. Vielleicht müssten hier interne Differenzen der „imperialen Lebensweise“ in Sachen Zugehörigkeiten zu ethnischen Gruppen, Klassen, Geschlechtern und Staatsangehörigkeiten noch akzentuiert und das „Wir, der globale Norden“ hinterfragt werden. Aber so viel ist festzuhalten: Es wäre doch grundsätzlich merkwürdig, diesen zerstörerischen Lifestyle in Gesellschaftsanalysen nicht zu reflektieren. Und es wäre letztlich auch verkürzt, linke Kritik auf ökonomische Wertschöpfung, Ausbeutung und Handelsbeziehungen zu beschränken. Anarchistische Kritik hat sich darauf im Übrigen auch selten begrenzt. Inwieweit Leute mit umwelt- und sozialverträglicheren Lebenskonzepten und Lebensstilen dann tatsächlich noch „einer neuen Kultur die Wege“[181] zu weisen imstande wären, wie Erich Mühsam es der Bohème nachsagte tun zu können, wäre zu diskutieren. Eine postanarchistische Perspektive jedenfalls dürfte revolutionäre Lifestyle-Effekte nicht einfach voraussetzen. Schließlich gilt es auch, den Niedergang der Alternativkultur und die Einbindung der Kritik am „Konventionsdrill“ in die neoliberale Gesellschaftsformation aufzuarbeiten. Letztlich muss immer wieder neu ausprobiert werden, wie und durch welche lebensstilistischen Moves die Verhältnisse vielleicht doch wieder zum Tanzen gebracht werden können.

181 Mühsam 1984, a.a.O., S. 49.

33 Städte

Rebellische oder konsumistische Territorien?

Anfang März 2022 lädt die „Gruppe Bussi“ auf die Freifläche vor der Marx-Halle in Wien zur Performance „Pioneers of Gentrification“. Geboten wurden laut Flyer und Facebook-Ankündigung „Anarchistisches Kunsttheater“ und „Fettes Feuerwerk“. Der Performance-Titel ist eine (selbst-)ironische Spitze gegen die Effekte linker Gegenkultur: So, wie die Hippies die Strände von Goa und Gomera für den Massentourismus erschlossen haben, so sind nicht selten die alternativen Buchläden, Galerien und Kneipen die Wegbereiterinnen für sogenannte Aufwertung, Luxussanierung und Mietpreiserhöhungen in den Städten geworden. Pioniere der Gentrifizierung also. Aber Moment, sind die Städte in den Erzählungen der Linken nicht vielmehr „Territorien des Widerstands“[182], wie der uruguayische Journalist und Sozialforscher Raúl Zibechi schreibt? Handelt es sich angesichts von Bewegungen für Enteignungen, für ein Recht auf Stadt, für solidarische Orte in Bezug auf Refugees usw. nicht um „rebellische Städte“, wie der marxistische Geograph David Harvey sie nennt?
Im Anarchismus wurde die Stadt als Ort, Lebensraum und Konzept durchaus ambivalent beschrieben. Aufgrund der Größe und der damit einhergehenden Anonymität und Unverbindlichkeit sozialer Beziehungen wurde ihr häufig die ländliche Gemeinschaft als eigentliche Brutstätte und Praxislabor anarchistischer Ideen entgegengesetzt:

182 Raúl Zibechi: *Territorien des Widerstands. Eine politische Kartografie der urbanen Peripherien Lateinamerikas*. Berlin/ Hamburg: Assoziation A 2011.

Was zwar in der Vormoderne auch soziale Enge und Kontrolle bedeutete und nicht eben viele Möglichkeiten individueller Entfaltung bot, erschien etwa für Leo Tolstoi und seine Anhänger*innen angesichts der modernen Massengesellschaft doch als besserer Ausgangspunkt für die Entwicklung einer hierarchiefreien und herrschaftslosen Gesellschaft.

Demgegenüber findet sich vor allem im libertären Kommunalismus von Murray Bookchin (1921-2006) ein Konzept, das an die demokratischen Traditionen der griechischen Polis angelehnt ist. Ähnlich wie in Gustav Landauers Begeisterung für die „Gilden, Zünfte und Brüderschaft der Städte“[183] im Mittelalter ist die Stadt bei Bookchin zudem als Alternative zum Staat konzipiert: Vergemeinschaftung von unten statt Vergesellschaftung von oben. Aber die Stadt in der Vorstellung Bookchins ist nicht das raue Durcheinander von verschiedensten Lebensentwürfen und -praktiken und das beziehungslose Nebeneinander heutiger Großstädte, welches Einsamkeit und Unabhängigkeit gleichermaßen bedeutet. Sie ist nicht die Mischung aus Flagship-Store und Familiensiedlung, Investorenarchitektur und Altbau-WG. Bookchins „städtische Gegenwelt“[184] ist offenbar an neuenglischen Kleinstädten der US-amerikanischen Ostküste orientiert und erscheint als durch eine irgendwie heimelige Mischung aus Handwerker*innen und Kleinunternehmer*innen geprägt, die sich möglichst gemeinsam auf dem Marktplatz versammeln, um ihre Rechte als Bürger*innen zu verhandeln. Vor diesem Hintergrund ist eine „Rückbesinnung auf das Lokale, den eigenen Ort“[185] als politische Forderung nachvollziehbar, nur dass sie auf die Normalität heutiger Metropolenerfahrungen nicht

183 Gustav Landauer: *Die Revolution.* [1907] Münster: Unrast Verlag 2003, S. 56.

184 Murray Bookchin: *Die Agonie der Stadt. Aufstieg und Niedergang des freien Bürgers*. Grafenau: Trotzdem Verlag 1996, S. 261.

185 Ebd., S. 278.

anzuwenden ist. Nicht einmal auf bestimmte Stadtviertel wie St. Pauli oder Neukölln.

Denn die wirklichen Städte sind chaotisch und unübersichtlich, nach Einkommen und ethnischer Zuschreibung segregiert, von ziemlichem Lärm und dreckiger Luft durchzogen, architektonisch und infrastrukturell zerrüttet - in all dem können sie zweifellos auch als faszinierend und lebenswert empfunden werden. Aber, fragt sich David Harvey, „wohnt den urbanen Prozessen und der urbanen Erfahrung [...] im Kapitalismus etwas inne, das *an sich* das Potenzial der Begründung antikapitalistischer Kämpfe hat?“[186]. Erstaunlicher Weise kann er die Frage nicht beantworten. Zu Recht fragen auch die aktivistischen Sozialwissenschaftler*innen Niki Kubaczek und Monika Mokre, „warum sollten gerade Städte ein besonders guter Nährboden für Solidarität sein, in ihrer zunehmenden Segregation, in ihrer zunehmenden Ausgrenzung marginalisierter Gruppen, wenn neoliberal-kapitalistische Inwertsetzungen immer stärker den städtischen Raum qua Finanzialisierung des Wohnraums und Gentrifizierung prägen?“[187] Auch sie geben keine wirkliche Antwort. Sicherlich, all die sozialen Bewegungen, die in beiden Büchern besprochen werden, agieren in verschiedenen Städten, aber das ist zunächst nicht mehr als der Effekt einer Bevölkerungsverteilung zwischen städtischem und ländlichem Raum einerseits und der Verortung sozialer Konflikte andererseits. Das spezifisch Städtische an den Kämpfen selbst aber erschließt sich nicht.

Die ganze Vorstellung des Städtischen, die ihm in all den genannten Büchern einen rebellischen Impetus nachsagt, basiert doch auf einem ziemlich romantischen Bild

186 David Harvey: *Rebellische Städte. Vom Recht auf Stadt zur urbanen Revolution.* Berlin: Suhrkamp Verlag 2013, S. 220.

187 Niki Kubaczek und Monika Mokre: „Die Stadt als Stätte der Solidarität. Einleitung“. In: Dies. (Hg.): *Die Stadt als Stätte der Solidarität.* Wien, Linz, Berlin, London. Zürich: transversal texts 2021, S. 11-23, hier S. 11.

pulsierender, innenstadtnaher Viertel mit einer ständigen Kommunikation zwischen der Gemüsehändlerin von nebenan und Leuten aus dem autonomen Zentrum, dem Kiosk-Besitzer, der Sexarbeiterin und der Stadteilinitiative usw. Vom Niedergang dieser Gegenseitigkeitskultur durch die Politik des Konsums wird meist geschwiegen. Hinzu kommt, dass nicht nur die Flagshipstorisierung der Innenstädte ausgeblendet bleibt, sondern auch die Vorstadtsiedlungen. Denn die modernen Städte haben meist auch Stadtteile wie Mannheim-Lindenhof oder Essen-Heisingen, wo die CDU wählenden Kleinbürger*innen hinter gepflegten Vorgartenhecken ihre unhinterfragt privilegierte Heteronormativität leben. Da wird die Revolution als allerletztes ankommen. Erst recht wird sich von hier aus keine andere Stadtform entwickeln, wie Kike España sie in seinem Buch *Die sanfte Stadt* beschwört, eine „Stadt gegen den Staat“[188].

Es gibt sicherlich eine Vielzahl von Initiativen, die bei España auch gut beschrieben werden, die sich gegen die „Käuflichkeit der Stadt“[189] richten. Aber in welchem quantitativen Verhältnis stehen sie zur zumindest die Stadtbilder prägenden Mehrheit?! Um das Rebellische und Solidarische des Urbanen wirklich erörtern zu können, müsste es doch qualitativ und quantitativ in Beziehung gesetzt werden zu den Vorgartensiedlungen und den Massen, die sich voll unreflektiertem Einverständnis tagtäglich durch die zahlreicher werdenden Einkaufszentren schieben, zur Substitution des Einzelhandels durch die Ladenketten der Großkonzerne, zur Vernichtung von Altbaubestand und öffentlich zugänglichen Flächen usw.

Und schließlich: An dieser konsumistisch-gentrifizierenden Entwicklung haben Konsumgüter- und Immobilienkonzerne sowie konservative Stadtpolitik weitaus größeren Anteil als

188 Kike España: *Die sanfte Stadt.* Wien, Linz, Berlin, London. Zürich: transversal texts 2021, S. 73.

189 España 2021, S. 197.

Beatniks und Betrunkene. Aber linker Subkultur kommt dennoch eine entscheidende Rolle in der Veränderung der Innenstädte in der westlichen Welt zu, denn der neoliberalen Ausschlachtung des Urbanen sind die Entdeckungen und das Engagement von Menschen mit antibürokratischen, alternativen Lebenskonzepten notwendig vorausgegangen. So gesehen sind die meisten Innenstädte in Europa und Nordamerika auch urban gewordene Mahnmalzonen verlorener Kämpfe. Auch wenn die Pionier*innen der Gentrifizierung sicherlich keine sein wollten, sollten die Entwicklungen der letzten dreißig Jahre vor allzu emphatischen Lobgesängen auf „rebellische Städte" (David Harvey) und auf urbane „Territorien des Widerstands" (Raúl Zibechi) warnen - zumindest ein wenig.

34 Politik

Staatsmacht und Gegenoffensive

Bald hatte ich auch ein Buch von Erich Mühsam, dem anarchistischen Dichter, in der Hand. Gekauft in einem linken Buchladen in der Innenstadt Ende der 1980er Jahre. Aber eigentlich fing alles mit einer aufwühlenden Schrift von Nelson Mandela an. Nachdem ich sie gelesen hatte, suchte ich die Ortsgruppe von Amnesty International auf und schrieb einen Brief an einen Schwarzen Gefangenen in Südafrika. In Bochum hatten ein paar Autonome ein Haus besetzt, damit es nicht geräumt wurde, verbrachte ich dort einen Abend beim Bier und schrieb eine Protestnote an die Stadtverwaltung (selbstverständlich vergebens). Zur gleichen Zeit ließ ich mich in die SchülerInnenvertretung wählen. Kurz, ich begann, mich politisch zu engagieren. Politik, das hieß Dinge zu tun, die ich nicht hätte tun müssen. Mich aber für Anliegen einzusetzen, die die gesellschaftliche Entwicklung betrafen und die sich gegen eine tief empfundene Ungerechtigkeit richteten. Das ging dann weiter mit Antikriegsprotesten (Golfkrieg 1991), Antifa-Demos gegen die Nazi-Pogrome Anfang der 1990er Jahre, Aktionen gegen die Verschärfung des Asylrechts, Anti-AKW Protesten in Gorleben und Ahaus usw. usf. Politik in diesem Sinne hatte nichts mit Parteien zu tun, war kein Staatsgeschäft und entstand auch nicht aus Not. So wird Politik ja häufig beschrieben: Entweder als Sphäre oder gesammelte Maßnahmen des Staates, Politik als autoritäres Feld, dessen Gesetze von oben auf den Alltag der Leute einprasseln und ihn gängeln. Oder Politik von unten, die ihre Anlässe in einer Bedrängnis (niedrige Löhne, drohender Jobverlust, Repression etc.) hat, deren Effekte sich dann mit der Einsicht paaren, dass es anderen ähnlich geht und die letztlich in kollektive Aktion mündet.

Im Anarchismus herrschen oft beide Verständnisweisen vor, die sich nicht selten ergänzen: Die Politik von oben wird als hierarchisch und herrschaftlich abgelehnt, ihr wird die Politik von unten als wahre und eigentliche Politik entgegengesetzt. Aber man braucht Bedrängnis und Notwendigkeit gar nicht, um mit Fug und Recht behaupten zu können, dass anarchistische Praxis politisch ist. Wer würde das bestreiten?

Der kommunistische Philosoph Wolfgang Harich zum Beispiel. Er wirft dem Anarchismus die „Liquidation jeder Art von Politik“[190] vor, einen ganz grundsätzlichen „Apolitizismus“[191]. Die Infragestellung von Institutionen, der antiautoritäre Kampf gegen gesellschaftliche Konventionen, das ist für Harich keine Politik, sondern, im Gegenteil, trage bloß zur „Entpolitisierung eines revolutionären Wollens“[192] bei. Dieses bezieht sich laut Harich einzig und allein auf die ökonomischen Produktionsverhältnisse als systematisches Ganzes. Kulturelle Praktiken aller Art zu hinterfragen, Geschlechterverhältnisse zu kritisieren, innerhalb der bestehenden Ordnung andere Formen des Wirtschaftens zu erproben - alles Kinkerlitzchen und Formen eines „sinnlosen Aktivismus“[193], hält Harich allen antiautoritären, neoanarchistischen Linken von der Frankfurter Schule bis zu gegenkulturellen Formierungen wie „Gammlern, Provos, Hippies, Rockern“[194] vor. An den Beispielen lässt sich ablesen, dass das Buch nicht mehr ganz neu ist, es erschien erstmals 1971. Es sei hier dennoch zitiert, weil es das wahrscheinlich beste anti-anarchistische

190 Wolfgang Harich: *Zur Kritik der revolutionären Ungeduld. Eine Abrechnung mit dem alten und dem neuen Anarchismus.* [1971] Berlin: Verlag 8. Mai 1998, S. 57.

191 Ebd.

192 Ebd., S. 105.

193 Ebd., S. 98.

194 Ebd.

Buch aus marxistischer Sicht ist, das es gibt. Polemisch zwar, aber kenntnisreich und durchdacht, ein fundiertes Abrechnungspamphlet. Die Neuauflage von 1998 war lange Zeit als Abo-Prämie der Tageszeitung *Junge Welt* zu haben und hat dementsprechend auch anti-anarchistische Affekte in der Linken über Jahrzehnte geschürt. Was auch mit Harichs Stellung als dissidenter Intellektueller in der DDR zu tun hatte und der Auseinandersetzung, die sein Werk auch im Westen ausgelöst hat. Harichs Schrift ist auch ein Paradebeispiel für das, was der Erich Mühsam in seinem Text „Über Politik" von 1933 schon als „marxistische Verdächtigung"[195] beschrieben hat, nämlich dass Anarchist*innen keine Politik machten.
Harich meint aber, wenn er dem Anarchismus jede Form des Politischen abspricht, eigentlich eine ganz bestimmte Form von Politik, nämlich die staatliche Regulierung zum Zwecke der Regulierung der Ökonomie. Die Cultural Studies mit der Entdeckung bzw. der These von der politischen Relevanz ganz alltäglicher Praktiken, wie sich zu kleiden oder überhaupt zu konsumieren, hätte er abgelehnt. Auch die Hoffnungen auf Neue Soziale Bewegungen und ihre kulturrevolutionären Effekte waren ihm nur fehlgeleitete Haltungen. Auch wenn eine Frisur noch keine Revolution hervorgerufen hat, ist ihm (aus traditions- und postanarchistischer, wie übrigens auch neomarxistischer Sicht) vehement zu widersprechen. Auch wenn viele, gerade auch anarchistische, Hoffnungen auf soziale und kulturelle Devianzen in Bohème, Sub- und Gegenkultur, sicherlich häufig und auch grundlegend enttäuscht wurden. Die Pop-Linke ist sehr still geworden. Weil sich Kreativität, kurz gesagt, nicht als Sand im Getriebe erwiesen hat sondern als Schmiermittel des Systems.

195 Erich Mühsam: „Über Politik". [1933] In: Hans-Jürgen Degen (Hg.): *„Tu, was Du willst". Anarchismus. Grundlagentexte zur Theorie und Praxis.* Berlin: Verlag Schwarzer Nachtschatten 1987, S. 48-50, hier S. 48.

Der Widerspruch ist nötig, denn eigentlich sollte es nicht schwer einleuchten: Weil die Geschichte, wie auch Anarchist*innen mit Marx sagen könnten, von Menschen gemacht wird, wenn auch unter nicht selbstbestimmten Bedingungen, ist auch bedeutsam, was sie tun. Das Tun schließt auch Alltagshandeln mit ein, also den Besuch im Fitness-Center, Supermarkt und Museum, die Speisen- und Getränke-Wahl, Wandern oder Radfahren, Lesen oder Kochen, vom Umgang mit Kindern gar nicht zu reden, einfach alles also. Die nicht-selbstbestimmten Grundlagen dieses Tuns sind vielfältig. Bestimmte Dinge werden nicht nur deshalb cool gefunden, ersehnt, gekauft und getan, weil jemand eine bestimmte Stellung im Produktionsprozess innehat, sondern auch aus Tausend anderen Gründen, bewusst oder unbewusst. Das bedeutet nicht, dass all dieses Tun auch politische Wirkung im Sinne aktiver Veränderung sozialer Beziehungen entfaltet. Aber effektlos und unschuldig sind Alltagspraktiken nie.

Das zu sehen, bedeutet aber, das Alltagshandeln im Hinblick auf Normen und Routinen als Terrain der Kämpfe um soziale Transformation ausmachen zu können. Es geht im Anarchismus schließlich darum, wie die Mujeres Libres 1977 schrieben, „die Regeln, die Verhaltensweisen, die Gebräuche, die Gewohnheiten, die sozialen Formen, die Art und Weise und die Überzeugungen der Menschen in Bezug auf Mann und Frau [und überhaupt, O.L.] zu verändern“[196]. Nicht nur die Ziele, sondern, wie gesagt, auch die Motive der politischen Aktion folgen keiner Notwendigkeit. Sich politisch zu engagieren, muss nicht das Resultat bestimmter ökonomischer Entwicklungen sein. Auch hier sind Gründe und Anlässe vielfältig: Anteilnahme, Nicht-Gleichgültig-Sein-Wollen, Sinnstiften, Ärger über und Wut

---

196 Mujeres Libres: „Wie treiben wir unseren Kampf richtig voran?“ [1977] In: Hans-Jürgen Degen (Hg.): *„Tu, was Du willst“. Anarchismus. Grundlagentexte zur Theorie und Praxis.* Berlin: Verlag Schwarzer Nachtschatten 1987, S. 208-212, hier S. 210.

auf Ungerechtigkeiten, von denen man selbst gar nicht direkt betroffen ist, oder weil man irgendwie betroffen ist, aber auf der Täterseite und das nicht will. Not ist hier keine notwendige Bedingung.

Wie dem auch sei. Überall ansetzen zu können bedeutet, das als politische Aktion zu konzipieren, was Harich dem Anarchismus als unfokussierten, strategielosen Unsinn auslegt, der die Herrschenden nur peripher berühre, nämlich statt die Diktatur des Proletariats zu errichten, „Gegenoffensiven auf der ganzen Frontbreite der bestehenden Institutionen zugleich"[197] anzustreben. Das trifft es schon ziemlich genau, nur sollte Harichs Beschreibung eben als Qualitätsmerkmal und nicht als Vorwurf gelesen werden. Schließlich bleibt also mit Mühsam zu konstatieren: „Die Behauptung, die Anarchisten verneinten den politischen Kampf überhaupt, ist eine törichte, durch nichts gerechtfertigte Unterstellung"[198].

197 Harich 1998, S. 115.

198 Mühsam 1987, S. 40.

35 Theorie

Mein Dealer, Louise Michel und die Widersprüche der Welt

Die meisten meiner Freundinnen und Freunde haben Sozial- oder Geisteswissenschaften studiert. Manche sind im Kulturbetrieb tätig, andere hangeln sich mit ihrem hohen Bildungsabschluss durch Prekarität und Projekte. Mit Leuten aus anderen Milieus rede ich nicht oft. Mit der Supermarktkassiererin kommt man ja selten ins Gespräch, mit Bauarbeitern kann ich nicht fachsimpeln. Umso bereichernder sind die Wortgeplänkel, die ich mit meinem Dealer austausche. Der Typ, bei dem ich mein Gras kaufe, ist im Hauptberuf selbstständig und geht einem ordentlichen Handwerk nach. Auf die Frage, was ich denn so mache, bleibe ich unverbindlich und spreche von „Schreiben" und „Unterrichten". Wo ich denn unterrichten würde und was? Kulturtheorie, sage ich, und politische Theorie. Dann kommt, was kommen musste, und dennoch trifft es mich total unvorbereitet. Er zieht die Mundwinkel anerkennend runter und mimt einen beeindruckten Gesichtsausdruck, dann fragt er: „Was ist Theorie?"

Tja. Das ist selbstverständlich eine gute und berechtigte Frage. Viel ist in politischen Zusammenhängen darüber debattiert und geschrieben worden, wie die Theorie mit der Praxis zusammenhängt und wie beide vermittelt sein sollten. Aber ist was Theorie eigentlich? Bei den Versuchen, diese Frage zu beantworten, fällt erstens auf, dass trotz einer Vielzahl von immer wieder neu aktualisierten Theorieansätzen, die im sozialwissenschaftlichen Diskurs so ventiliert werden, selten darüber Auskunft gegeben wird, was Theorie eigentlich ist oder leisten soll. Immer geht es jedenfalls um bestimmte Modelle, die soziale Praktiken und Institutionen in ihrer Entstehung nachvollziehbar und in ihrem Zusammenwirken erkennbar machen sollen. Dann fällt zweitens im Hinblick auf den Anarchismus auf, dass immer wieder betont wird, dass er keine einheitliche, konsistente und allgemeingültige Theorie habe. Immer noch trifft weitgehend zu, was der Soziologe Otthein Rammstedt (1938–2020) in der Einleitung zu einer kleinen Sammlung anarchistischer Grundlagentexte 1969 schrieb: „Im Anarchismus ist die Praxis der Theorie vorgeordnet wie die extensionale Welt der verbalen. Daher ist für Anarchisten nicht nur eine Theorie ohne Praxisbezogenheit nicht vorstellbar, sondern es erscheint ihnen überhaupt unmöglich, die Komplexität der Welt in ihrer Gesamtheit zu erkennen oder theoretische Aussagen darüber zu geben, wie sie sein sollte“[199]. Hinsichtlich der Erkennbarkeit der komplexen Welt behält Rammstedt wohl recht, in Bezug auf die Frage, „wie sie sein sollte“, gab und gibt es allerdings, muss eingewandt werden, im Laufe der letzten einhundertfünfzig Jahre mit herrschaftsfreien, basisdemokratischen, geschlechtergerechten Ansprüchen schon immer wieder einige konzeptuelle Ideen mit Hand und Fuß.

Die Pariser Kommunardin Louise Michel (1830–1905) hatte auf die Frage, warum sie Anarchistin geworden sei, einst geschrieben: „weil ich Zwang und Unterdrückung ablehne, bin ich Anarchistin“[200]. Auch durch modellartige Erklärungsversuche des Sozialen, also durch Theorien, ließe sich argumentieren, entstehen autoritative, also auf Autorität beruhende, mit Autorität ausgestattete, auf Autorität bestehende Vorgaben und diskursive Einhegungen, die mit anarchistischen Haltungen schwer

199 Otthein Rammstedt: „Einleitung“. In: Ders. (Hg.): *Anarchismus. Grundlagentexte zur Theorie und Praxis der Gewalt.* Köln und Opladen: Westdeutscher Verlag 1969, S. 7-28, hier S. 9.

200 Louise Michel: „Warum ich Anarchistin wurde“. In: Florence Hervé (Hg.): *Louise Michel oder: Die Liebe zur Revolution.* Berlin: Dietz Verlag 2021, S. 72.

vereinbar sind. Der anarchistische Anthropologe David Graeber (1961-2020) hatte deshalb die Frage gestellt, wie eine Gesellschaftstheorie aussehen müsste, „die im Sinne derjenigen ist, die eine Welt zu gestalten versuchen, in der die Menschen die Freiheit haben, ihre Angelegenheiten selbst in die Hand zu nehmen“[201]. Er nennt zwei notwendige Charakteristika einer solchen Theorie: Erstens müsse sie davon ausgehen, dass „eine andere Welt möglich“ sei. Soziale Tatsachen sind nie naturgegeben, sondern immer Effekte von historischen Entwicklungen, immer von Menschen gemacht und damit auch prinzipiell veränderbar. Dass hatte auch schon Karl Marx betont und dieser Denaturalisierungsanspruch prägt alle kritischen sozialwissenschaftlichen Ansätze, nicht nur die anarchistische Anthropologie. Zweitens muss eine anarchistische Gesellschaftstheorie nach Graeber alles zurückweisen, „was an Avantgardismus erinnert“[202]. Intellektuelle, Partei- und Gewerkschaftsapparate, Guerillagruppen, die Arbeiter*innenklasse - keines dieser potenziellen Subjekte revolutionärer Umgestaltung sei besser bzw. eher geeignet als andere, als Träger*in emanzipatorischer Entwicklungen voranzuschreiten und den anderen dabei vorzuschreiben, wann und wo sie wie zu handeln hätten. Deutlich wird in jedem Fall: Emanzipatorische Theorie soll nicht nur erklären und Erkenntnisse hervorbringen, die sich in der Alltagswahrnehmung nicht ohne Weiteres erschließen, sondern sie soll auch eingreifen in den von ihr beschriebenen Gegenstand.

Hier kommt dann noch einmal die „Praxisbezogenheit“ einer spezifisch anarchistischen Theorie ins Spiel. Zu „den Schlüsselbegriffen der anarchistischen Theorie“[203] - von

201 David Graeber: „Fragmente einer anarchistischen Anthropologie“ [2004]. In: Ders.: *Fragmente einer anarchistischen Anthropologie & Einen Westen hat es nie gegeben*. Münster: Unrast Verlag 2022, S. 17-123, hier S. 26.

202 Ebd., S. 27.

203 Rammstedt 1969, a.a.O., S. 18.

einer solchen sprach zumindest Rammstedt dann doch –, gehöre deshalb die Moral. Anarchismus richtet sich immer auch auf das Handeln Einzelner, nicht nur auf systemische Bedingungen in Politik, Kultur und Ökonomie. Moral als Schlüsselbegriff bedeutet, dass an das grundlegende Potenzial der Solidarität geglaubt und zugleich aber jeder Appell an das Gute, der Herrschaftsverhältnisse ausklammert, als heuchlerisch angesehen wird. Theorie kann selbstverständlich solche Herrschaftszusammenhänge aufdecken. Sie kann aber, und da entsteht dann eine gewisse Spannung im Verhältnis von Theorie und Praxis, selbst auch herrschaftsförmig werden: besserwisserisch und bevormundend. Denn Theorie ist per definitionem nicht Alltagsverstand und steht deshalb dem Austausch auf Augenhöhe manchmal im Wege. Eine Art Dilemma, vor dessen Hintergrund die Rede von „anarchistischer Theorie" fast wie ein Widerspruch in sich erscheint.

Angesichts der Komplexität der Welt wird es wohl wenige Haltungen und Handlungen geben, die mit einer ebenso wenig als rein oder widerspruchsfrei vorstellbaren anarchistischen Theorie konsequent in Einklang stünden. Vielleicht existieren eher „anarchistische Momente oder Übergänge"[204], von denen Judith Butler einmal schrieb, in denen die Rechtmäßigkeit bestehender Ordnungen infrage gestellt wird, aber (noch) keine neue Rechtsordnung etabliert ist. Dass die anarchistische Lehre widersprüchlich sei, geht insofern nicht nur auf mangelnde Arbeit an der Theorie zurück, sondern, wie Rammstedt einräumt, die Widersprüche sind „in der Welt selbst"[205].

Dass nichts so sein müsste, wie es ist, und dass es keiner Avantgarde bedarf, um rauszufinden, wie es besser wäre, darüber käme ich vermutlich sogar mit meinem Dealer überein. Dass wir trotz „Praxisbezogenheit" nicht darüber

---

204 Judith Butler: *Anmerkungen zu einer performativen Theorie der Versammlung*. Berlin: Suhrkamp Verlag 2016, S. 102.

205 Rammstedt 1969, a.a.O., S. 9.

sprechen, gehört aber wohl zu den genannten, in der Welt selbst liegenden Unstimmigkeiten. Was denn Theorie nun sei, da gerate ich ins Stottern, grinse verlegen und er gibt sich dankenswerter Weise mit den Worten „Erklärungen“ und „Modelle“ ziemlich schnell zufrieden. Wir wechseln das Thema. Auch diesen Text werde ich ihm beim nächsten Mal höchstwahrscheinlich nicht mitbringen. Zu theoretisch.

36 Hegemonie

Kämpfe um Herrschaft oder in Kräfteverhältnissen?

Ein neuer Insasse betritt den Gefängnishof und trifft auf ein paar Mitgefangene. „Neugierig zu erfahren, was draußen vor sich ging, näherten wir uns", berichtet Ercole Piacentini. „'Ich heiße Gramsci' [sagte der Neue]. Er fragte noch, welcher Bewegung man angehörte. Ceresa und ich sagten, wir seien Kommunisten, die anderen waren alle Anarchisten. Ehrlich gesagt wußte niemand, wer Gramsci war, er war irgendwer."[206] Diese Schilderung findet sich in einer Fußnote in der Einleitung zum ersten Band der *Gefängnishefte* von Antonio Gramsci (1891-1937). Es handelt sich um die gesammelten und eben in Haft verfassten Schriften des italienischen Parteistrategen und Kulturtheoretikers, der 1926 unter Mussolini inhaftiert worden war. Von Bardolino am Gardasee bis Cefalu auf Sizilien gibt es heute kaum eine Stadt in Italien, die nicht über einen Gramsci-Platz oder eine Gramsci-Straße verfügen würde.

Für Anarchist*innen allerdings könnte die Feststellung Piacentinis auch heute noch gelten. Auch wenn all die nach Gramsci benannten Straßen und Plätze sicherlich mehr den Mitbegründer der Kommunistischen Partei Italiens als den Verfasser einer Kulturtheorie der Herrschaft würdigen, dürfte die relative Unbekanntheit von Gramscis Schriften in der anarchistischen Theorie ein echtes Versäumnis sein. Denn der von Gramsci geprägte Begriff der Hegemonie

206 Zit. n. Valentino Gerratana: „Einleitung". In: Antonio Gramsci: *Gefängnishefte*. Band 1, 1. Heft. Hamburg: Argument Verlag 2012, S. 21-41, hier S. 22.

liefert Aspekte einer Herrschaftstheorie, die auch Anarchist*innen mindestens zur Kenntnis nehmen, wenn nicht gar in ihre Ansätze integrieren sollten.

Es gibt sicherlich Ausnahmen, also Anarchist*innen, die Gramsci kennen.[207] Der postanarchistischen Autor Richard J.F. Day gehört definitiv dazu. Der hatte vor einigen Jahren ein Buch geschrieben, dessen Titel dem Anliegen dieser Glosse aber gleich wieder entgegenzustehen scheint. Es heißt nämlich *Gramsci is dead.*[208] Dass der Autor Gramsci 1937 an den Folgen der Haft starb, lässt sich schnell herausfinden, worum es Day aber ganz offensichtlich geht, ist ein Abschied von den Inhalten seiner Theorie.

Hier wäre dann aber zu unterscheiden zwischen dem analytischen und dem politischen Gehalt dessen, was Gramsci uns gegebenenfalls zu sagen hat. Gestorben ist für Day vor allem die politische Dimension von Gramscis Ansatz, nämlich die strategische Ausrichtung des politischen Kampfes an hegemonialen Verschiebungen und die Unterordnung der organisatorischen und alltäglichen Ausrichtung unter dieses Ziel der Erlangung von Hegemonie. Das Wort bedeutet Vorherrschaft, taucht auch bei Aristoteles und Lenin schon auf, und wurde von Gramsci theoriestrategisch neu gefüllt. Aber es hatte zunächst auch analytischen Wert: Warum, fragte sich Gramsci Anfang der 1920er Jahre – übrigens ganz ähnlich wie die Vertreter der frühen Kritischen Theorie

207 Es gibt eine grundlegende Studie zum Verhältnis Gramsci zu den Anarchist*innen (und umgekehrt): Carl Levy: *Gramsci and the Anarchists*. Oxford: Bloomsbury Press 1999. Auch auf Deutsch sind einige Gemeinsamkeiten und Unterschiede in Weltanschauung und Politikverständnis herausgearbeitet worden: Jens Kastner: „Hegemonie, Alltag und die ‚langhaarigen und frenetischen Romantiker'. Antonio Gramsci und der Anarchismus." In: Philippe Kellermann (Hg.): *Begegnungen feindlicher Brüder. Zum Verhältnis von Anarchismus und Marxismus in der sozialistischen Bewegung*. Münster: Unrast Verlag 2011, S. 86–106.

208 Richard J. F. Day: *Gramsci is dead. Anarchist Currents in the Newest Social Movements*. London und Ann Arbor/ Toronto: Pluto Press/ Between the Lines 2005.

–, sind die Revolutionen nach dem Ersten Weltkrieg in den ökonomisch am weitesten fortgeschrittenen Ländern Europa, anders als in den Annahmen von Marx und Engels hinsichtlich des Verlaufs der Geschichte, gescheitert? Die Antwort: Es ist den herrschenden Klassen gelungen, ihre eigenen Vorstellungen und Ansichten (über das, was gesellschaftlich als gut und richtig gilt) als allgemeine durchzusetzen, sie haben eine kulturelle Hegemonie errungen.[209] Für Gramsci wurde diese historische Tatsache zu einem Modell für die Analyse von Gesellschaften: Wie wird Hegemonie durch die Herstellung von Einverständnis und Konsens erzeugt? Das lässt sich für jede gesellschaftliche Formation fragen und diese Frage ist herrschaftstheoretisch immens wichtig. Sie weist nämlich darauf hin, dass Herrschaft nie allein durch Unterdrückung, also angedrohte und ausgeübte Gewalt gesichert wird, sondern immer auch über die Organisation von Übereinstimmung. Und sie zeigt auf, dass Herrschaft nie allein ökonomisch fundiert, sondern immer kulturell vermittelt ist. Indem „der Hegemoniebegriff entwickelt"[210] wird, schrieb Gramsci, kann auch der Ökonomismus bekämpft und nachgezeichnet werden, wie Einverständnis und Affirmation durch kulturelle Praktiken hergestellt werden. Gramscis Begriff der Hegemonie, darauf hat zuletzt die Politikwissenschaftlerin Lene Kempe aus neogramscianischer Sicht hingewiesen, „verweist also vor allem auf die Vieldimensionalität von Herrschaft"[211]. Das sollte durchaus auch für anarchistische Theorie eine Feststellung für lohnende Auseinandersetzungen sein – zumal hier die Frage nach „freiwilliger Knechtschaft", die

209 Eine sehr gute Einführung bietet Benjamin Opratko: *Hegemonie. Politische Theorie nach Antonio Gramsci.* Münster: Verlag Westfälisches Dampfboot 2022, 4. korrig. Aufl.

210 Antonio Gramsci: *Gefängnishefte. Band 7, 12. bis 15. Heft.* Hamburg: Argument Verlag 1996, S. 1571.

211 Lene Kempe: *Die diskursive Seite hegemonialer Ordnungen. Eine Neubestimmung des Verhältnisses von Diskurs, Macht und Hegemonie.* Münster: Verlag Westfälisches Dampfboot 2021, S. 12.

Étienne de la Boetie schon 1550 gestellt hatte, durchaus als Vorläuferin gelten kann.[212]

Politisch wurde die Frage nach der Hegemonie allerdings dann häufig zu einer Legimitationsfigur für die strategischen und taktischen Manöver der Kommunistischen Partei(en) nach dem Motto „Wir machen jetzt nicht Revolution, es muss erst eine hegemoniale Situation erzeugt werden", oder „Auch wenn es nicht so aussieht, als seien wir noch revolutionär, es dient alles der Hegemonie der Arbeiterklasse!". Diese politische Dimension möchte Richard J.F. Day sterben sehen, wenn er Hegemonie als „gleichzeitig zwangsweisen und konsensuellen Kampf um Dominanz"[213] („simultaneously coercive and consensual struggle for *dominance*") beschreibt, auf den sich Anarchist*innen gar nicht erst einlassen sollten. Schließlich kämpfen wir nicht um Dominanz und Herrschaft, sondern gegen sie.

Aber weil auch Anarchist*innen und Linke überhaupt in einer sozialen Welt leben, die sie bewohnen müssen, deren herrschaftliche und ausbeuterischen Aspekte sie ablehnen und abschaffen wollen, stellt sich eben die Frage, wie sie sich innerhalb dieser Dominanzverhältnisse verhalten sollen. Ist nicht jede anarchistisch inspirierte Aktion und jeder Text in einer anarchistischen Zeitschrift auch mit der Hoffnung verbunden, gesellschaftliche Übereinkünfte, konsensuelle Politiken und Gepflogenheiten zu durchbrechen und zu verschieben?! Gramsci hatte solche Interventionen als den Kampf in „Kräfteverhältnissen"[214] beschrieben. Herrschaft ist nie endgültig und nie einheitlich. Sie muss immer wieder neu hergestellt werden und sie rekonstruiert sich, indem Kräfte mobilisiert, in Stellung

---

212 Étienne de la Boetie: *Von der freiwilligen Knechtschaft.* Frankfurt am Main: Trotzdem Verlag 2009.

213 Day 2005, a.a.O., S. 7.

214 Antonio Gramsci: *Gefängnishefte. Band 3, 4. und 5. Heft.* Hamburg: Argument Verlag 1992, S. 495ff.

gebracht und temporär zur Durchsetzung gebracht werden. Wie sich Menschen in diesen Kräfteverhältnissen kollektiv positionieren, hat Auswirkungen auf den Bestand dieser Verhältnisse: Was für die Prügelstrafe gilt, dass sie durch das Gemisch aus Küchentischdiskussionen, wissenschaftlichen Studien, Protesten Betroffener usw. gesellschaftlich delegitimiert und damit weitgehend abgeschafft wurde, könnte im Prinzip auch dem Privateigentum oder jedem anderen Gegenstand blühen. So ließe sich also auch aus postanarchistischer Sicht proklamieren: „Rein in die Kräfteverhältnisse!“[215]

Im Großen und Ganzen ist Gramsci in anarchistischen Bewegungen und theoretischen Absätzen bis heute „irgendwer“. Die Frage nach Strategie und Praxis innerhalb von Herrschaftsverhältnissen sollte aber deutlich machen, dass es sich durchaus auch für Leute mit anarchistischer Gesinnung lohnen würde zu wissen, wer Gramsci war und was er zu sagen hatte.

---

215 Oskar Lubin: *Triple A. Anarchismus, Aktivismus, Allianzen. Kleine Streitschrift für ein Upgrading.* Münster: edition assemblage 2013, S. 90.

Transnationalismus

Weder Markt- noch Migrationseffekt

Weil der Staat ein „kolonial-kapitalistisches Verhältnis“[216] ist, waren und sind alle antisystemischen Konzepte der Machtübernahme in den Staatsapparaten zum Scheitern verurteilt. Der uruguayische Sozialwissenschaftler und Journalist Raúl Zibechi stellt diese These in seinem aktuellen Buch *Descolonizar la rebeldía* („Die Rebellion dekolonisieren“) auf. Hat er dabei einerseits die Geschichte der antikolonialen Befreiungsbewegungen vor Augen, geht es ihm andererseits vor allem um die sozialen Kämpfe der Gegenwart. Eine Eigenmacht sollten sie entwickeln, eine Autonomie im Verständnis des Philosophen Cornelius Castoriadis, als Praxis und Utopie. Diese Autonomie ist lokal gedacht, aber auch transnationalistisch. Der Transnationalismus entspringt dabei letztlich auch einer historischen Erfahrung in Lateinamerika: Die Demokratisierung, schreibt Zibechi in Anlehnung an den dekolonialistischen Theoretiker Aníbal Quijano, die die Entwicklung des europäischen Nationalstaates geprägt hat, fand in der Geschichte seiner lateinamerikanischen Pendants nicht statt. Der Staat war und ist bis heute Garant für die Ausgrenzung von Indigenen und Schwarzen. Weil es diese staatlich erzeugte wie abgesicherte Diskriminierung gibt, geht es bei der Dekolonisierung also auch um Teilhabe, um Partizipation, um Zugang zu Ressourcen und Macht über Definitionen und Körper.

---

216 Raúl Zibechi: *Descolonizar la rebeldia. (Des)colonialismo del pensamiento crítico y de las prácticas emancipatorias.* Malaga: Baladre y Zambras 2014, S. 26.

Während als transnational heute vor allem Konzernstrategien und migrantische Lebensläufe beschrieben werden, bezeichnet ein transnationalistischer Anspruch etwas anderes: den bewussten Kampf um die Überwindung nationalstaatlicher Denk- und Exklusionsmuster.
Allerdings gibt es wohlmeinende Stimmen, die auch dem transnationalen Marktgeschehen und der Migration Effekte zuschreiben, die die Macht des Nationalstaates untergraben. Sie kommen einerseits aus Kunstkreisen, andererseits aus der Migrationsforschung.

Bildende Kunst und ökonomischer Markt seien gar keine Antipoden, insistieren etwa Autorinnen wie Isabelle Graw und Nina Tessa Zahner. Immer schon und erst recht in Zeiten der Globalisierung sind künstlerische Arbeiten demnach „von Markterfordernissen durchzogen“[217]. Bei Zahner kulminiert diese Beschreibung schließlich in der affirmativen Behauptung, es gäbe so etwas wie die „demokratisierenden Potenziale eines erhöhten Pluralismus in der Kunst, die der Kunstmarkt mit sich bringt.“[218] Wie von selbst schafft der Markt hier offenbar im globalen Maßstab, was der Staat - glaubt man der dekolonalistischen Kritik - nicht gewährleisten konnte. Umso besser, könnte man meinen, dass es immer mehr Kunst-Biennalen gibt. Denn auf der Biennale als „Plattform für Globalkunst“ (Sabine B. Vogel) und Mittel für politische Kommunikation, können gerade kritische Positionen - trotz Nationalitäten-Pavillons - ihre Wirkung entfalten. Gerade die kritische Haltung in der Kunst, von Gustave Courbet bis Andrea Fraser (laut Graw) ohnehin ein preissteigerndes Attribut, schaffe ein demokratiepolitisches sowie ökologisches

217 Isabelle Graw: „Gute Kunst, schlechter Markt?“ In: FAZ, 30.04.2015, S. 13.
218 Nina Tessa Zahner: *Die neuen Regeln der Kunst. Andy Warhol und der Umbau des Kunstbetriebs im 20. Jahrhundert.* Frankfurt am Main/ New York 2006, S. 289.

Problembewusstsein, das „ohne Beachtung von Grenzen und Territorien im Raum steht."[219]

Ähnlich euphorisch werden Klassifizierungsleistungen des Nationalstaates auch in manchen migrationspolitischen Kontexten für irrelevant erklärt. Der als „Autonomie der Migration" beschriebene „Drang zur Mobilität auf der Basis von sozialen Netzwerken"[220] wird in guter Absicht als eigensinniges und wirkmächtiges Korrektiv gegenüber staatlichen Grenzkontrollen gewertet. Die Not, aus der Migration oft entsteht, wird - in plausibler Ablehnung einer Opfererzählung - in den Hintergrund gerückt. Ohne auf besondere Anlässe und Intentionen einzugehen, wird Migration selbst zur subversiven Aktion gegen die staatliche Einteilung der Welt erklärt. So wird etwa im neuen Magazin *Movements. Journal für kritische Migrations- und Grenzregimeforschung* Migration „als soziale Bewegung"[221] beschrieben, ohne dass bestimmte, etwa antistaatliche Mobilisierungen hier noch ein Thema wären.

Diese sehr unterschiedlichen Diskurse um das globalisierte Kunstfeld und die globale Migration haben eines gemeinsam: Sie unterstellen, dass bestimmte transnationale Settings subversive Effekte haben, also auch transnationalistisch sind (d.h. die nationalstaatliche Ordnung der Welt untergraben). Damit unterschätzen sie aber die anhaltende Macht der Nationalstaaten, die soziale Wirklichkeit zu konturieren und zu gestalten. Nur Nationalstaaten verleihen BürgerInnenschaft, der Staat garantiert als Legitimationsinstanz für Eheschließungen und Geldtransfers, und solange es einen deutschen Pavillon

219 Sabine B. Vogel: *Biennalen - Kunst im Weltformat*. Wien/ New York: Springer 2010, S. 122.

220 Manuela Bojadzijev: *Die windige Internationale. Rassismus und Kämpfe der Migration*. Münster: Westfälisches Dampfboot 2008, S. 147.

221 Redaktion Movements: „Editorial", in: *Movements*, Nr. 1, Jg. 1, http://movements-journal.org/issues/01.grenzregime/01.editorial.html

auf der Biennale in Venedig gibt, (mindestens) solange weiß der Nationalstaat auch kulturelle Produktionen für seine Identitätspolitik zu nutzen wie Fußballländerspiele. Um dies zu unterlaufen, bedarf es schon expliziter Deligitimierungsarbeit. Die ist insbesondere im Rahmen anarchistischer Bewegungen geleistet worden, die im Nationalstaat nie eine legitime politische Organisationsform gesehen haben. Deren Geschichte ist unbedingt zu kolportieren, wenn es um die Formulierung eines neuen Transnationalismus geht. Dass in ihr auch antikoloniale Aspekte eine - wenn auch randständige - Rolle gespielt haben, hat der Historiker Benedict Anderson mit den Lebensläufen anarchistischer und befreiungsbewegter Intellektueller am Ende des 19. Jahrhunderts aufgezeigt.[222] Zugleich bedeutet dieses Zurateziehen der anarchistischen Geschichte nicht, die Fallstricke und Dilemmata zu leugnen, denen libertäre Politik immer ausgesetzt ist. Wie etwa Rechte installiert und Diskriminierungen wirkungsvoll verhindert werden, ist oft nicht genügend ausgearbeitet, geschweige denn erprobt worden. Ob deshalb aber, um soziale Errungenschaften wie die Gleichstellung indigener Bevölkerungsgruppen zu garantieren, doch wieder auf den Staat gesetzt werden muss, wie andere dekolonialistische TheoretikerInnen - etwa Catherine Walsh[223] - es im Gegensatz zu Zibechi tun, wäre die Frage.

---

222 Benedict Anderson: *Under Threee Flags. Anarchism and the Anti-Colonial Imagination.* London/ New York: Verso 2005.

223 Vgl. Catherine Walsh: „Political-epistemic insurgengy, social movements and the refounding of the state." In: Mabel Moraña und Bret Gustafson (Hg.): *Rethinking Intellectuals in Latin America.* Madrid: Iboamericana/ Vervuert 2010, S. 199-211.

Sicherheit

Zwanzig Jahre Kritik der „Künstlerkritik"

Nun ist es schon mehr als zwanzig Jahre her, dass das ganze künstlerische Feld einem schlimmen Verdacht, ja einer Anschuldigung ausgesetzt wurde: War vorher dank kunstsoziologischer Studien schon klar, dass wir es beim ganzen Kunstbetrieb mit einem sehr bürgerlichen, sehr distinktiven und sehr elitären Feld zu tun haben, kam 1999 ein weiterer Vorwurf hinzu. Luc Boltanski und Ève Chiapello bezichtigten in ihrem 2003 auf Deutsch erschienenen Werk *Der neue Geist des Kapitalismus* die sogenannte „Künstlerkritik", eben jenen titelgebenden Esprit erneuert zu haben.[224] Das Buch, dessen Titel sich an Max Webers *Die protestantische Ethik und der Geist des Kapitalismus* anlehnt, war extrem einflussreich. Es prägte viele Debatten im transnationalen Kunstfeld der 2000er Jahre.

Der kapitalistische Geist verändert sich. Kollektive Einstellungsmuster und Legitimationsweisen wandeln sich im Laufe der Zeit, und eine Motivation für diesen Wandel ist die Kritik. Der „neue Geist des Kapitalismus", der das neoliberale Zeitalter prägt, ist nach Boltanski und Chiapello im Wesentlichen der Effekt von zwei Formen der Kritik am Kapitalismus: Der „Sozialkritik" und der „Künstlerkritik". Beide Kritikformen oder Kritikmodi unterscheiden sich grundlegend, sie haben sehr unterschiedliche Quellen und verschiedene Ziele: Die „Sozialkritik" speist sich aus der Empörung über Armut, Ungleichheit und dem Verlust gesellschaftlichen Zusammenhalts, die „Künstlerkritik" hingegen

224 Luc Boltanski und Ève Chiapello: *Der neue Geist des Kapitalismus.* Konstanz: UVK Verlagsgesellschaft 2003.

ist motiviert durch den Kampf gegen Abhängigkeiten und für authentische Beziehungen. Das Ziel der „Sozialkritik" ist (soziale) Sicherheit, während die „Künstlerkritik" auf Freiheit zielt. Das mag jetzt sehr schematisch klingen, aber so zweigeteilt und gegensätzlich sind „Sozialkritik" und „Künstlerkritik" bei Boltanski und Chiapello auch konzipiert. Der Zweiteilung der Kritik entsprechend einseitig fällt ihr Urteil aus: Während die „Sozialkritik" - aus der sozialistischen ArbeiterInnenbewegung stammend - reaktiviert werden soll, wird die „Künstlerkritik", ihrer Herkunft nach den künstlerischen Avantgarden, der Bohème und den 68ern zugerechnet, verworfen.

Die Diskussionen um das Buch, die im Kunstfeld geführt wurden, drehten sich im Wesentlichen darum, ob und wenn ja inwiefern, der These von Boltanski und Chiapello zuzustimmen sei. Es wurde eine kleine diskursive Lawine der kollektiven Selbstkritik ausgelöst. Statt den Kapitalismus abzuschaffen, habe die „Künstlerkritik" mit der Kritik an der Inauthentizität des Lebens unter kapitalistischen Bedingungen wie auch mit der Forderung nach Flexibilität zu einem seiner besten Garanten hinsichtlich des ihm zugrundeliegenden Geistes maßgeblich beigetragen.

Zwar ist kaum von der Hand zu weisen ist, dass einst allein künstlerischen Lebensmodellen zugeschriebene Charakteristika - Flexibilität, Mobilität, Kreativität u.a. - sich als Imperativ auf viele Berufszweige und Lebensweisen im neoliberalen Kapitalismus ausgedehnt haben. Dennoch muss die These von Boltanski und Chiapello auch zwanzig Jahre nachdem sie aufgestellt wurde, stark in Frage gestellt werden. Und zwar auf mehreren Ebenen:

Erstens liegt die Frage auf der Hand, ob tatsächlich die Künstler*innen mit ihrer Kritik am Authentizitätsverlust, am grauen Alltag und der Entfremdung so mächtig gewesen sind, dass sie sich mit ihren Anliegen durchsetzen konnten. Oder ob nicht vielmehr die ökonomischen Eliten eine Modernisierung des Kapitalismus von sich aus erwogen und umgesetzt haben. Dabei war ihnen das eine oder andere Motiv subkultureller Mobilisierung sicherlich hilfreich, vielleicht sogar sympathisch. In der Managementliteratur, die Boltanski und Chiapello untersucht haben, sind aber die tatsächlichen Ziele der „Künstlerkritik" gar nicht mehr zu finden. Der Großteil der Beatniks, Hippies, Feministinnen, Situationist*innen und anderer bohemistischer Aktivist*innen der 1960er Jahre hatten alles Mögliche im Sinn, aber sicher nicht die Erneuerung des kapitalistischen Geistes. Gut, ließe sich dem entgegenhalten, es geht auch mehr um kontingente Effekte als um Intention und Wirkung. Dann aber, wenn man die Erneuerung des kapitalistischen Geistes bloß als nicht-intentionale Nebenfolge „künstlerkritischer" Vergesellschaftung liest, gibt es auch keinen zwingenden Grund, die „Künstlerkritik" als solche zu bekämpfen. Das haben Boltanski und Chiapello aber getan.

Zweitens stellt sich nach wie vor die Frage, ob die Gegenüberstellung von „Künstlerkritik" und „Sozialkritik" überhaupt plausibel ist. Liest man die Texte von Bohemians wie Erich Mühsam oder Guy Debord, so zeigt sich sowohl für den Beginn des 20. Jahrhunderts als auch für die 1950er und 60er Jahre, dass die unterschiedlichen „Empörungsmotive"[225] durchaus miteinander verschränkt sind: Unterdrückung und Armut, Entfremdung und Vereinzelung werden gleichermaßen kritisiert. Bei aller bohemistischen Kritik am patriarchalen Spießertum auch der Arbeiter*innenklasse verstanden Antikapitalisten wie Mühsam und Debord - nur um bei den Beispielen zu bleiben - ihre, sagen wir mal lebensweltlichen Politisierungsansätze in Kneipen und Umherschweifen nicht als Gegenmodell,

225 Ebd., S. 81.

sondern als Begleitung und/ oder Radikalisierung sozialistischer, arbeiterbewegter Praxis. Wenn die anarchistisch-rätekommunistische Tradition von Mühsam und Debord auch nur die minoritäre Radikalversion des Zusammendenkens von sozialer Ungleichheit und individueller Autonomie ist, so kann sie doch nicht einfach ausgeblendet werden.

Daran anschließend fragt sich drittens, wie die Dynamik zwischen (sozialer) Sicherheit und Freiheit eigentlich beschaffen ist. Boltanski und Chiapello erwecken den Eindruck, als hätten die Herrschenden den Beherrschten ein Angebot gemacht, dass diese nicht ausschlagen konnten: Die Freiheit - Partizipation, gleitende Arbeitszeiten, flache Hierarchien usw. - wird ausgebaut, dafür wird die (soziale) Sicherheit abgebaut. Aber das war nicht der Fall, es gab keinen Deal. Im Gegenteil: Freiheiten wurden erkämpft, auf verschiedenen Terrains sowohl von den Bohemians als auch von Gewerkschaften und Betriebsräten, und Sicherheiten wurden ganz unabhängig davon immer weiter heruntergefahren und der Profitlogik geopfert. Prekarisierung ist kein und war nie Ergebnis eines Aushandlungsprozesses.

Das alles in Rechnung gestellt, war das Plädoyer von Boltanski und Chiapello für soziale Sicherheit wohl doch keine Erneuerung der politischen Kritik in den Sozialwissenschaften. Sondern eher, wie der postoperaistische Soziologe Maurizio Lazzarato meint, nur eine weitere „Abrechnung mit dem Mai 68“[226].

226 Maurizio Lazzarato: „Das Eelend der Soziologie: Menger, Boltanski und Chiapello“. In: Ders.: *Marcel Duchamp und die Verweigerung der Arbeit.* Wien/ Linz/ Berlin/ London/ Zürich: Transversal Texts 2017, S. 59-94, hier S. 77.

Wert

Die Vergangenheit und die kanadische Axt

Die kanadische Axt hatte einen roten Griff und ihre Klinge war besonders stabil, hinten konnte man mit dem Vorschlaghammer draufhauen, um besonders dicke Holzscheite klein zu kriegen. Mein Vater hatte sie in den 80ern für stolze 250,- DM gekauft. Als wir nach seinem Tod das ganze Werkzeug direkt aus der Garage verkauften, drückte mir ein Axtinteressierter für sie einen fünf Euro-Schein in die Hand. Dinge verlieren ihren Wert. Kaum eine ideelle Gemeinsamkeit, kaum eine Zugehörigkeit der materiellen Produkte zu einer regionalen, nationalen oder auf andere Weise umgrenzten Praxis kann den Bestand des Wertes wirklich langfristig garantieren.

An die kanadische Axt musste ich oft denken, als ich über den „Respekt für die Dinge" las, „die ihren Wert aus ihrer Verwurzelung in der Vergangenheit"[227] ziehen, den die Soziologen Luc Boltanski und Arnaud Esquerre in *Bereicherung. Eine Kritik der Ware* (2019) als Teil der Bereicherungsökonomie beschreiben. Eine ihrer Thesen lautet, dass Profite im Kapitalismus der Gegenwart in nicht geringem Maße durch die „Ausschlachtung der Vergangenheit"[228] gemacht werden. Wenig schreiben sie darüber, dass es ganz offenbar entscheidend ist, um wessen Vergangenheit es geht. Die Axt hatte eine Familiengeschichte, lag lange in der Garage, war vielleicht nur deshalb dahin geraten, weil der Vater früher einmal

227 Luc Boltanski und Arnaud Esquerre: *Bereicherung. Eine Kritik der Ware*. Berlin: Suhrkamp Verlag 2019, S. 572.
228 Ebd., S. 16.

geschäftlich längere Zeit in Kanada gewesen war usw. Das aber konnte ihren Wert nicht annähernd garantieren. Es braucht Konventionen, besser noch Institutionen, die relativ erfolgreich ein gesellschaftliches Einverständnis simulieren und damit den Wert der in ihnen aufgehobenen Gegenstände stabilisieren. Eine Garage kann eine solche Institution nur sein, wenn sie ein Museum ist.

Der Gegenstand ist dann seiner Pflicht enthoben, die ihm angediehene Funktion zu erfüllen. Im Museum kann er sich zurücklehnen und ästhetisch beurteilen lassen. In diesen Genuss kommt die gemeine Axt aber nur selten, letztlich auch die kanadische. Die meisten bleiben Werkzeuge und damit Unterworfene des praktischen Nutzens. Anders als beim Werkzeug ist es beim Kunstwerk nämlich entscheidend, wer es gemacht hat oder zumindest, wer seinen Status als Kunstwerk behauptet und dieser Behauptung irgendwie zu Legitimität verholfen hat. Damit ist es aber noch lange nicht getan. Die Schöpfer*innen und Behaupter*innen müssen sich ihrerseits immer wieder beglaubigen lassen, „den eigenen Wert zur Geltung bringen“[229]. Über Ausstellungen, Kunstkritiken und Ver- bzw. Ankäufe ihrer Werke. Alles Puzzleteile in der potenziellen Wertakkumulation. (Das macht auch die etwas paradoxe Situation der zeitgenössischen Kunst aus: Auch wenn mittlerweile alles Mögliche prinzipiell Kunst sein kann und Kunst damit kaum mehr vom Alltag und seinen Praktiken und Gegenständen zu unterscheiden ist, muss sie doch irgendwie, also über Institutionen und Konventionen, als Kunst erkennbar bleiben, damit die anderen Gegenstände die „Prozesse der Kunstwerdung“[230], von denen Boltanski und Esquerre schreiben, überhaupt durchlaufen können.)

229 Ebd., S. 596.
230 Ebd., S. 575.

Auch wenn Boltanksi und Esquerre die Institutionalisierung und die Kämpfe um den Wert vielleicht in ihrer Beschreibung als zu gering einschätzen: In ihrer politischen Haltung dazu sind sie erfrischend eindeutig. Dass es nur Wenigen gelingt, irgendeinen aus der Verwurzelung in der Vergangenheit entstehenden Wert abzuschöpfen, ohne ihn mit anderen zu teilen, finden sie empörend. Letztlich geht es also nicht um die Aufwertung der Axt oder um die Abwertung der Kunstwerke, sondern um die Umverteilung des Profits, der damit gemacht wird. Und um das kollektive Auffangen der Verluste. Denn, so der vielleicht holzscheitkrachenste Satz des Buches, „die Vergangenheit gehört niemandem“[231].

231 Ebd., S. 619.